儒家文化之当代解读系列丛书 向世陵/总主编

罢黜百家 独尊儒术 汉代儒学与政治

张红珍/著

西南交通大学出版社
成都

图书在版编目（CIP）数据

罢黜百家，独尊儒术：汉代儒学与政治 / 张红珍著. —成都：西南交通大学出版社，2018.10
（儒家文化之当代解读系列丛书 / 向世陵总主编）
ISBN 978-7-5643-6251-5

Ⅰ. ①罢… Ⅱ. ①张… Ⅲ. ①儒家－关系－政治制度－研究－中国－汉代 Ⅳ. ①B222.05②D691

中国版本图书馆 CIP 数据核字（2018）第 138839 号

儒家文化之当代解读系列丛书 / 向世陵总主编
罢黜百家，独尊儒术：汉代儒学与政治
Bachu Baijia, Duzun Rushu：Handai Ruxue yu Zhengzhi

张红珍 著

出 版 人	阳　晓
责任编辑	左凌涛
助理编辑	罗俊亮
封面设计	原创动力
出版发行	西南交通大学出版社 （四川省成都市二环路北一段 111 号 西南交通大学创新大厦 21 楼）
发行部电话	028-87600564　028-87600533
邮政编码	610031
网　址	http://www.xnjdcbs.com
印　刷	四川煤田地质制图印刷厂
成品尺寸	130 mm×185 mm
印　张	4.75
字　数	80 千
版　次	2018 年 10 月第 1 版
印　次	2018 年 10 月第 1 次
书　号	ISBN 978-7-5643-6251-5
定　价	25.00 元

图书如有印装质量问题　本社负责退换
版权所有　盗版必究　举报电话：028-87600562

总序

向世陵

中国优秀传统文化在今天是一个频度颇高的热词,然其"热"之内涵,不论作何概括,总不离作为传统文化主体的儒家文化。

儒家的文化系统,进入我们眼帘的,首先是世俗文化,但在同时,儒家文化也有自己超越性的一面,以满足人们的精神需要和理性的价值追求。从学术的发展说,自传统儒学到宋明新儒学——理学的兴起,重点就是解决传统儒学只注重于世俗层面而缺乏超越性的精神品位的问题。放入哲学的框架,这被归结为形而上的问题。但中国儒家所追求的形而上并不如同西方哲学那样,其形而上是在形而下的现象世界之后或之外,它存在于现象世界之中并与其融为一体而不可分离。同时,儒家文化及其哲学的特点,是坚信超越性的本体与世俗的现象世界都是真实无妄的存在,并与我们的生命一起年年月月日日被证实。

就此而言，它也不同于由外入内而成为中国文化组成部分的佛教，后者是以真性与假象和合的真假合一观去看待世界。道理并不奇怪，因为追根溯源，佛教也是来源于"西方"的信仰和思想。

儒家批判佛老，反对佛老的虚空本性观，阐明天地人生无处不是实气、实理的存在。作为儒家本体论哲学渊源的子贡所言"性与天道不可得而闻也"，正是披露了儒家理论相对于佛教思想之优长，即"不得闻"正是说明了儒家反对空谈心性，而主张从气化的真实世界、从人伦日用的社会现实中去体悟天理，强调的是心境、心迹的统一。儒家文化打造的形而上的精神世界，只能存在于形而下的生活世界之中。放眼今天的社会，"独尊儒术"的时代虽然早已离我们远去，但围绕在我们周围的乡土人情、风俗习惯、家庭生活、节庆礼俗、教化信仰等方方面面，都无不浸染和诉说着儒家文化传统的深刻影响。其中所贯穿的，是作为人类生活总的导向的真善美的价值，又尤其是对真善的追求。

但社会的发展总有不尽如人意的方面，今天的中国，亦不乏不完美甚至丑恶的现象存在，一些人将原因归咎于缺乏信仰，又往往是特指缺乏超越性的宗教信仰。如此的诊断，并不符合中国社会的实情和民族的心理定位，也无助于认识在儒家文化浸染下中国人生活的多层面向。一般地说，有信仰好还是无信仰好不能一概而论，儒家文化在其创立者那里便是不信神力的，"子不语怪力乱神"（《论语·述而》）也。当然，儒家重视天，祭天在历朝历代都是国家的大事。然而，这种对天的心存敬畏，实质上是对外在于我的客观必然的尊重，但这并不意味拜倒在天的奴役之下。"神道设教"虽然也有市场，但这正好说明"神"并非超越性的权威，而是如同墨子"天志"那样是效力于人的工具，是为思想家或统治者的政策服务的。南北朝时期反佛的重要代表范缜，站在儒家的立场并吸收道家的方法，对佛教信仰者坚持的形神相分、形灭神存等观点进行了系统的批判，主张形神相即（不离）、形质神用。但在同时，范缜承认"神道设教"的必要，以为"所以从孝子之心，而厉渝薄之意"（《神灭论》）。有意思的是，反而是佛教信仰者不认同神道设教，而坚持鬼神的真实。在儒家学者对待神灵的态度中，唐代柳宗元有非常经典的表述，那就是"力足者取乎人，力不足者取乎神，所谓足，足乎道之谓也"（《非国语上·神降于莘》），神不过是人们在人生境遇不顺时的心理安慰罢了。柳宗元作为中唐儒学复兴运动的一名代表，明确提出了"文者以明道"（《答韦中立论师道书》）的重要思想主张，这与当年子贡言"性与天道不可得而闻也"正好相互发明，并成为后来周敦颐"文所以载道也"（《通书·文辞》）的经典语句的先行。可以说，在他们心中，儒家对天的信仰其实就是对道的尊崇。

因而，形式上是敬天祭神，实质上却是讲道说理，这在宋明理学家中有非常深入的阐发，譬如朱熹自己就认为理学是讲道理之学。天、道、理等固然属于超越性的概念，但又都不能离开内在性而独存。早年周公的敬天就已经向敬德转化，德性的价值被突出出来。天之道成为人之德，"天生德于予"（《论语·述而》）也。人与天相合，正是与天地合其德。"德"虽内在，不"明"却不能得，"明"此明德根依于人对它的体验和认识。天人合一的图景依赖于天人有分的前提，"主宾之辨"同样是中国哲学的精神。人不是被动地"任天"而是主动地"相天"，天人的相合是以人积极主动的创造性活动为归宿的。

天人之间的相合在儒家又被披上了礼乐文明的特色。所谓"乐者敦和，率神而从天；礼者别宜，居鬼而从地。故圣人作乐以应天，制礼以配地。礼乐明备，天地官矣"（《礼记·乐记》），就是说，乐者敦睦和谐，调和其气，循（圣人）魂气而从天；礼者别物异处，裁制形体，循（贤人）魄体而从地，从此出发，乐感天地和礼制社会都属于必须，礼乐都显明完备，合力互动，天地人事就能各得其利了。就人事自身而论，在礼乐适宜地规范和熏陶下，人能够静心向善而不会随波逐流，从而有助于公序良俗的形成，并最终引向理想社会的愿景。在古人心中，圣人制礼作乐的目的，是为调节民之好恶，在乡俗民情、家庭邻里、婚丧节庆等日常行为活动中引导他们归向人道之正途。礼乐皆得其所，便是"有德"。德既是礼乐文明的集中表现，"所以名为德者，得礼乐之称也"（《礼记正义·乐记》），也是儒家培养健全人格的基本内核。

从经典资源的层面说，被视为中国文化生命之源的《周易》，在其开天辟地的乾坤卦之后，进入视野的是屯卦和蒙卦，"屯"就是一棵刚出土的幼苗，"蒙"则表明了它非常稚嫩，对处于蒙昧状态的学子来说，蒙卦《象辞》有针对性地提出了"蒙以养正，圣功也"的告诫。北宋两位著名的理学家程颐和张载，于此不约而同地做出了自己的选择：

程颐选择了"蒙以养",的确,从蒙昧的孩童到进入成年,人都是在被养之中,这包括父母的抚养、师长的教养和社会国家的培养,由此而将幼苗——一代代的孩童养育成才。但人不能总是在被养之中,成才最终需要的是自我实现。自我实现不可能在真空中进行,人总是生活在善恶百行交杂和利益追逐的环境之中。人之初,未必性本善,很可能还是善恶混,故人心难免会产生不善的念头,相应地也就有了矫正和克服它的需要,以及为师者一方的传道、授业、解惑的职责。故与程颐不同,张载选择的是"蒙以正",强调纠正、端正、矫正人的不善的观念以变化气质,从而保证这些成长中的树木能够正直而不扭曲。但不论是"蒙以养""蒙以正"还是"养"与"正"的合一,目的都是为培养圣贤,在今天就是指善的健全的人格,德行在这里具有当然的优先性。所以,蒙卦《象辞》释"蒙"之"象"是"君子以果行育德"——君子要以果决刚毅的行为去培养自己的德行。当然这不可能一蹴而就,而是一个从天道生生继续而来的自强不息的过程。

自强不息的道路,可能顺利,但更可能曲折。事实上,从人类告别猿类而开始自己的历史那天起,我们就是在与不同的困难做斗争中走过来的。但不论所遇是何种情况,张载都给我们提供了有益的教诲和恰当的对策:"富贵福泽,将厚吾之生也;贫贱忧戚,庸玉女于成也。"(《西铭》)一句话,不论眼前发生的可能是什么,我们都应该以一种坦然和开放的心态去迎接。

西南交通大学出版社目前推出的这套"儒家文化之当代解读系列丛书",与先前出版的同类型著作的区别,就在于它既植根于弘扬优秀传统文化的沃野，又能够直面当代儒家文化复兴所涉及的若干有兴趣的话题，并呈现为一个源源不断的序列，这本身就是儒家文化生生不息精神的生动再现。丛书的作者都是这些年人民大学毕业的学生，他们能够结合自己的人生和社会实践去推进自己的学术事业，其所撰写的文字，融进了他们在民俗风情和家庭社会生活等方面体贴儒家文化的经验积累，既不乏历史的底蕴和精彩的思想辨析，又显得十分生动有趣，能够贴近当代青年学生的阅读兴趣和习惯。虽然其中也有若干不足之处，但作品的的确确是在对儒家文化进行着符合时代需要的当代解读，应该会带来良好的社会效益和思想效益。

本丛书的出版，要感谢热心的西南交通大学出版社的编辑和为这套书努力奔走的杨名博士。看到学生的成长及其作品问世，为师者倍感欣慰。敷陈数语，写在"儒家文化之当代解读系列丛书"出版之际，聊以代序。

中国人民大学国学院
2018年6月28日

目录

第一章　汉初儒学的复兴

一、"垓下歌"与"大风歌" ······················· 2

二、黄老之学与无为而治 ························ 11

三、西汉初年儒家思想的复起 ··················· 15

四、西汉初年儒家思想的代表人物 ··············· 22

第二章　"春秋大一统""天下之常道"新儒学的空前繁荣

一、晁错主张"削藩"与吴楚"七国之乱" ········ 28

二、董仲舒的新儒学理论 ························ 33

三、汉武帝加强中央集权统治与儒学的繁荣 ······ 53

四、丞相公孙弘对推行儒学的贡献 ··············· 62

五、张汤与儒学 ································· 64

六、儒家群像 ··································· 66

第三章 "罢黜百家,独尊儒术"

一、起用儒学家参与国家大政 …………… 71

二、兴办太学 …………… 85

三、"以孝治天下" …………… 91

第四章 "我注六经"与"六经注我"

一、王莽与儒学 …………… 100

二、东汉世系图 …………… 104

三、刘歆与古文经 …………… 105

四、白虎观会议 …………… 108

五、今文经学和古文经学之争 …………… 111

六、"我注六经"与"六经注我" …………… 114

第五章 东汉末期儒学的衰落与学术的多元发展

一、东汉儒学与谶纬哲学 …………… 124

二、党锢之争与党人气节 …………… 127

三、东汉末年学术的多元发展 …………… 136

后记 …………… 141

第一章 汉初儒学的复兴

春秋战国"百家争鸣"时期，由孔子、孟子创立的儒家思想成为"显学"，在当时社会中有着广泛的影响，而秦朝的"焚书坑儒"对儒学造成了毁灭性的打击。在多年战乱之后，刘邦建立了西汉政权，黄老道家思想兴起，但是随着社会的发展，道家无为思想已经不能适应社会的需要，儒家思想取代道家思想成为必然的趋势。西汉初年，诸位儒家学者的努力为儒家复起打下了良好的基础。

一、"垓下歌"与"大风歌"
——刘邦建立西汉政权及巩固统治、维护社会秩序的措施

（一）项羽欲杀刘邦的父亲与妻子

汉高祖刘邦（公元前256年—公元前195年），字季，沛郡丰邑中阳里（今江苏省徐州市丰县）人，出身农民家庭，人称"沛公"。秦朝末年，农民起义风起云涌，刘邦作为农民起义军的首领之一，在文将萧何、武将韩信等人的辅佐下南征北战，势力不断发展壮大，到最后只剩下强大的对手项羽。

刘邦的汉军与项羽的楚军在广武山对峙时，汉军断绝了项羽的粮食，项羽窘迫无奈，就将做人质的刘邦的父亲刘太公放在一个专门装盛牛羊等祭品的高大祭器上要挟他说："如果你不答应我的条件与要求，我就把你的父亲煮了吃掉。"刘邦不仅不急，反而笑嘻嘻地说道："当初起兵反秦时，咱们俩曾一起受命于楚怀王，并结拜为兄弟。照这么说来，我的父亲就是你的父亲，如果你烹煮你父亲的话，请别忘了分一杯鲜汤给我喝。"最终项羽听从项伯的建议，没有杀刘太公。

在楚汉战争中，刘邦的妻子吕雉被项羽捉到扣为人质两年多，历尽磨难。项羽对刘邦说要杀了他的妻子，刘邦照样笑嘻嘻地回答说，女人如衣服，旧的不去新的不来，你杀了我的妻子我另娶一个呗!

小专题1

13岁男孩捡到国宝皇后之玺 上交45年后受表彰

1968年，13岁的小学生孔忠良在放学途中捡到一块白色石头并上交相关部门，没想到这是国宝文物，西汉时期吕后的"皇后之玺"。据新闻报道，2012年，陕西省神州汉文化保护发展基金会举行"保护大遗址、弘扬汉文化"

总结表彰大会，对孔忠良等10名先进个人予以表彰，第一次受到表彰的孔忠良激动地说："没想到，45年了还有人记得我。"

这枚通体晶莹润泽的"皇后之玺"玉印，高2.8厘米，重33克，上部雕饰有一只气势威严的螭虎钮，现是陕西省历史博物馆的"镇馆之宝"。

有人说刘邦这是在与项羽斗智斗勇，但是在当时的背景下，项羽有着极大的可能性把人质刘太公和吕雉杀掉。儒家经典《孝经》中说，"百行孝为先"，父亲处在极度的危难关头，刘邦为争夺天下而置老父亲的性命于不顾，是典型的不孝之子。孟子在批判墨家、法家时说："无父无君，是禽兽也！"儒家讲孝道，重情重义，而刘邦对父亲不孝，对妻子儿女也无情无义，功利思想严重，为了成功不择手段。因此，用儒家的道德标准来衡量，刘邦的这些行为都是他的道德污点，并且随着儒家思想在中国日益广泛的影响而广为后人诟病。

而实质上，当时的刘邦也根本不认可儒家思想，一方面，春秋战国时期由孔子、孟子创立的儒家思想在当时社会中有着重要影响，成为诸子"百家争鸣"中的"显学"，但是其在秦朝的"焚书坑儒"中遭受了毁灭性的打击；另一方面，刘邦认为儒家思想本身迂阔不切实际，对他争夺霸权毫无用处。直到西汉政权建立之后，刘邦对儒家思想的态度才慢慢转变了。

小专题 2

刘邦生死关头抛儿弃女

在刘邦与项羽进行的彭城——睢水之战中，刘邦惨败溃逃，他的儿女也和他一起逃亡。项羽派出的骑兵从后面追了上来，刘邦生怕车载过重影响速度，竟将自己的儿女三次推落于车下，为他驾车的将领夏侯婴每次都把孩子们抱了上来，才使得两个孩子得以生还。

（二）刘邦建立汉朝

刘邦首先进入关中，项羽将位于关中南面偏远的汉中分给刘邦，按照约定刘邦被封为汉王。刘邦于公元前202年夺取政权之后，就以此作为他建立的王朝称号，称为汉朝，定都长安（今陕西西安），汉朝共15帝，立国215年（含刘邦封汉王的5年时间），时间为公元前206—公元9年。西汉世系：

高祖刘邦　前206年—前195年，在位12年

惠帝刘盈　前194年—前188年，在位7年

废帝刘恭　前187年—前184年，在位4年，高后吕雉摄政

废帝刘弘　前184年—前180年，在位4年，高后吕雉

文帝刘恒　前179年—前157年，在位23年

景帝刘启　前156年—前141年，在位16年

武帝刘彻　前140年—前87年，在位55年

昭帝刘弗陵　前86年—前74年，在位14年

少帝刘贺　前74年，在位仅27天

宣帝刘询　前73年—前49年，在位25年

元帝刘奭　前48年—前33年，在位16年

成帝刘骜　前32年—前7年，在位26年

哀帝刘欣　前6年—前1年，在位6年

平帝刘衎　1年—5年，5年

孺子刘婴　6年—8年，在位4年，王莽摄政

从西汉到东汉中间经历王莽的新王朝（9年—23年）、更始帝刘玄汉王朝（23年—25年）。

小专题 3

"秦中自古帝王州"

陕西，简称陕或秦，又称"三秦"大地，中国中西部地区的一个省份，省会西安市。西周初年，周成王以陕原

为界，陕原以西由召公管辖，后人遂称陕原以西为"陕西"。"秦中自古帝王州"，先后有西周、秦、西汉……隋、唐等十三个政权在陕西建都，历时1100余年，是我国历史上建都朝代最多、时间最长的省份，长期是中国的政治、经济、文化中心，留下了极为丰富的历史文化遗产，被誉为"天然的历史博物馆"。

（三）"垓下歌"与"大风歌"

项籍（公元前232年—公元前202年），字羽，下相（今江苏宿迁市）人，秦亡后自立为西楚霸王。公元前206年，范增帮助项羽设下"鸿门夜宴"（今陕西省西安市临潼区）欲诛刘邦，但项羽优柔寡断，使刘邦得以逃遁，错失了除掉刘邦的绝佳时机。在垓下（今安徽省灵璧县境内）之战中，项羽军队被围困，兵少食尽，自刎而死之前与美人虞姬告别，作"垓下歌"："力拔山兮气盖世，时不利兮骓不逝。骓不逝兮可奈何，虞兮虞兮奈若何。"

小专题4

电影《霸王别姬》

电影《霸王别姬》讲述两个分别扮演霸王项羽与美女

虞姬的京剧演员在现实中的感情及生活的遭遇。已故香港演员张国荣，在电影里的京剧演出中扮演美女虞姬。由于从小的训练和暗示，戏里戏外虞姬对霸王爱得如痴如醉，但生活中的霸王性别取向正常，从而娶妻生子，经历种种生活磨难和感情挫折后，虞姬绝望地在舞台上拔道具之剑自刎而死。

楚汉争霸以项羽的失败而告终。"胜者为王，败者为寇"，但是，悲剧人物项羽在中国历史上一直有着正面的形象，在主要是儒家学者或受儒家思想重要影响的历史学家笔下，项羽的失败不是因为他的军事才能不及刘邦，而是项羽本人重情重义。南宋著名女词人李清照的五言绝句歌颂赞扬他说"生当作人杰，死亦为鬼雄。至今思项羽，不肯过江东"。

汉高祖刘邦建立政权十二年之后，路过沛县时备下酒席，把老朋友和父老乡亲都请了过来纵情畅饮。酒喝得酣畅淋漓时，刘邦击一筑，唱起自己编的"大风歌"："大风起兮云飞扬，威加海内兮归故乡，安得猛士兮守四方！"留下了一首作为自己生命绝唱的诗词，展现着刘邦一生的成功与自得，同时也表现出他对政权维护的担忧和对人才的渴望。

（四）西汉政权巩固统治维护社会秩序的主要措施

刘邦建立政权之后，一方面需要"猛士守四方"，另一方面，萧何、韩信等文臣武将辅助刘邦打天下，功绩卓著，此时刘邦感觉他们会威胁到自己的政权，因而立朝建国的功臣们都成为自己的心腹之患。聪明的萧何懂得自毁以求自保，而韩信最终只能悲愤慨叹"狡兔死，走狗烹"。

萧何，泗水沛（今江苏沛县）人。萧何辅助汉高祖刘邦建立汉政权，是汉朝初年丞相，"汉初三杰"之首，谥号"文终侯"。《史记》中的《萧相国世家》记载，汉高祖十二年秋，英布叛乱，刘邦亲自征讨，几次派使者问萧何在干什么。萧何因为刘邦在前线，就安抚勉励百姓，并把所有的物资支援军队。这时，有客人对萧何说："你离灭族之祸不远了。你身为相国，功劳第一，在关中深得民心。皇帝所以不停派人问你情况，是怕你夺了他的宝座。你为什么不多买些田地，放高利贷来自坏名声，这样，皇帝才能心安。"萧何立刻照办。后来，刘邦打完英布回来，老百姓拦路上告，说萧何以低价强买田宅数千万。刘邦不但没制裁萧何，还夸他是为了利民，并把百姓的告状信都交给他看。

自刘邦被封为汉王直至西汉政权建立之后，刘邦采取的巩固统治维护社会秩序的主要措施有：

（1）约法三章。当初刘邦到达汉中时，就与当地百姓"约法三章"，即"杀人者死，伤人及盗抵罪"。罪刑相当，深受百姓欢迎，为汉朝政权的建立打下了良好的基础。

（2）狡兔死，走狗烹。杀死或废除韩信等功臣及异姓王，大封同姓王。韩信（约公元前231年—公元前196年），淮阴（今江苏淮安）人，西汉开国功臣，中国历史上杰出的军事家，与萧何、张良并列为"汉初三杰"。曾先后为齐王、楚王，后贬为淮阴侯。他为汉朝的天下立下赫赫功劳，但后来却遭到刘邦、吕后的疑忌，最后被安上谋反的罪名而遭处死。韩信是中国军事思想谋战派代表人物，被后人奉为"兵仙""战神"。

（3）封建制与郡县制。周朝实行分封建国制，即划定疆域，任命国君，国君再分封大夫建家，建立封建制度；秦朝将国改成郡，家改成县，直接隶属中央，建立郡县制度。汉高祖刘邦继承周、秦两代国家制度，在京畿地区实行郡县制，隶属中央；在边远的地方实行分封建国制，称藩国，藩即篱笆的意思，意即希望藩国像篱笆一样护卫中央。

小专题 5

汉朝给我们留下了什么

中国人数最多的民族被称为汉族，所使用的语言被称为汉语，汉服唐装被认为是中国的传统服装，汉朝流传下来的典章制度，文物典籍，后代莫能企及。更重要的是，在汉朝走向辉煌的儒家思想有了正统地位，在后来影响中国两千余年，孔子受尊崇，被称为"至圣先师"。

二、黄老之学与无为而治

长期的战乱严重影响农业生产，造成整个社会极度的贫穷和劳动力严重缺失，皇帝的坐驾都难以找到四匹相同颜色的马骝，一般官员只能坐牛车。刘邦视察"曲逆之地"（今河北保定境内）时，看到当地大约有五千户人家，就慨叹说"壮哉县！"

（一）黄老之学

适应汉朝初年的社会形势和政治需要，主张清静无为、与民休息的黄老道家思想逐渐兴起，"我无为而民自化，我好静而民自正，我无事而民自富，我无欲而民自朴"。这是春秋时期黄老道家思想的创始人老子的名言。道家学派的

窦太后好黄老

窦太后好《老子》书，召问固。固曰："此是家人言耳。"太后怒曰："安得司空城旦书乎！"乃使固入圈击豕。
——《汉书·儒林外传第五十八》

猿固斗野猪

上知太后怒，而固直言无罪，乃假固利兵。下，固刺豕正中其心，豕应手而倒。太后默默，亡以复罪。
——《汉书·儒林外传第五十八》

创始人老子,字聃,春秋时期楚国苦县(今河南省鹿邑县)人,存世有《道德经》,主张无为而治。为增加权威性,道家将自己的思想追溯至黄帝,因而常"黄老"并称。

(二)"萧规曹随"

社会需要稳定的环境,萧何做丞相时创立了规章制度,萧何死后,做了宰相的曹参仍照着原规章制度执行,对规章制度不做任何变动,一切都顺其自然,无为而治,使国泰民安。"萧规曹随"成为成语,比喻按照前任的现成的规章制度办事。

(三)文景之治

汉文帝刘恒是汉高祖刘邦第四子,母薄姬。文帝好黄老之学,以俭约节欲自持,在位期间社会稳定并逐渐繁荣。去世后谥号孝文皇帝,葬于霸陵。

在黄老道学的指导下,文帝、景帝时期实行休养生息的政策,他们减免赋税,减少徭役,生活简朴,从而减轻百姓负担;废除严刑峻法;缓和对藩国的政策,从而使整个社会经济开始复苏和发展,出现历史上著名的"文景之治"。据史书记载,当时百姓有充足的粮食供应,国库充裕,国库中钱币和粮食多得无法知道数量,串钱的绳子烂了,粮仓的粮食满得溢出,百姓夜不闭户,犯罪的人极少。

(四)"辕固生斗野猪"

辕固生(公元前194年—公元前104年),西汉齐(今山东省桓台县)人,西汉初年儒家思想的积极传播者,景帝时为《诗经》博士,《诗经》传承中形成的"三家诗"中的"齐诗"一派的开创者。

窦太后好《老子》,召来辕固生问他读此书的体会。辕固生说:"此是家人言矣",意思就是说这不过是普通人的言论罢了。窦太后听了大怒,要将辕固生投入猪圈里去与野猪搏斗。景帝知道太后发怒,不敢劝阻,但辕固生直言并无罪过,于是遣人给了辕固生锋利的兵器,辕固生才把野猪刺死。窦太后默然不说话,没有再治辕固生的罪。

西汉文帝、景帝之时,是黄老之学盛行并达到鼎盛的时期,儒学经过秦朝毁灭性的打击,此时正在逐步恢复元气且影响正在逐渐加强,"辕固生斗野猪"其实质是观念及主张的冲突,显示着黄老正统思想之下的儒家思想的逐渐复起。

汉武帝时期,儒家学者更加向政权靠拢,扩大儒学的社会影响。《史记》记载,汉武帝从小便学儒学,老师是王臧,王臧是诗学大师申培的弟子。受王臧影响,汉武帝开始尊儒,任命倾向儒学的魏其侯窦婴为丞相,武安侯田蚡为太尉,王臧为郎中令。他们推行儒术引起好黄老的窦太后强烈不满,窦太后逼迫汉武帝将儒官赵绾、王臧下狱,迫令二人自杀,儒学势力又一次受到打击。直到窦太后亡故之后,儒学才迎来复苏的春天。

三、西汉初年儒家思想的复起

(一)鲁壁得书及其民间献书

藩王鲁恭王刘余是西汉初年景帝的儿子,"七国之乱"后,景帝封他为鲁王,他的封邑正是孔子老家山东曲阜,鲁恭王"好治宫室",强行拆除孔府旧宅来扩建他的宫室,在孔府墙壁中发现了秦焚书时孔子后人所藏的《尚书》《礼记》《论语》《孝经》等经典,即"鲁壁得书"。西汉通用的文字是隶书,称今文,发现的典籍是使用古籀文书写,被称为古文。鲁恭王将这批书献给朝廷,古文经学即由此而起。

小专题6

关于"鲁壁得书"的争议

后世学者特别是清代学者对"鲁壁得书"提出质疑,

认为这么重要的事仅在《汉书》中有记载，《史记》中只字未提很不正常。对此进行最系统最详细考证的是清末的康有为，但他的《新学伪经考》认为一切古文经都出自刘歆伪造，也未可尽信。

孔安国，字子国，孔子十二世孙，其生卒年月已不可确考，汉武帝时期曾任谏大夫，习通经学，学识渊博。鲁恭王毁坏孔子故宅，从宅壁中获古书并且都献给了朝廷。但是，这些儒家经典都是用古体文字书写，当时人们都已经不认识这些文字，只有孔安国既是儒家学者又懂得古文字，因此，孔安国将这些古书进行整理，并将古文用当时通用的今文隶书给翻译出来。后人将孔安国整理的这批古书及民间流传下来用古文写的书称为古文经书，当时汉代流行用隶书书写的经书称为今文经书。于是经书就有了两汉时期的今文经与古文经之争。

小专题7

中国古文字

甲骨文是中国已发现的古代文字中年代最久远的文字，主要指殷墟甲骨文，即殷商时代刻在龟甲和兽骨上的文字。19世纪末年，在殷代都城遗址（今河南安阳小屯）

被发现。

金文是指铸刻在殷周青铜器上的铭文，也叫钟鼎文，现在可以识别的字约有2400多个。

小篆，秦始皇攻灭六国，一统天下，采纳丞相李斯的建议"书同文"，以小篆为统一文字。小篆唯一的传世真迹便是李斯的《泰山刻石》。

大篆一般是指小篆之前的文字，包括甲骨文、金文、籀文和其他古文字。

隶书起源于秦朝，两汉时期成为流行的字体，书法界有"汉隶唐楷"之称。隶书略微宽扁，横画长而直画短，呈长方形状，讲究"蚕头雁尾""一波三折"。

伏生，济南人，原是秦博士。秦亡汉兴之后，伏生献出了他偷藏起来的《尚书》28篇，文帝时期，伏生已经快九十岁了，年老体衰，不能入朝，汉文帝派晁错去济南伏生的家向他学习，因为口音难懂，伏生的女儿相助传授，因此记录下来的文字错误很多，但是，当时只有伏生能讲《尚书》，这也为传播儒学经典《尚书》做出了很大的贡献。唐朝王维的《伏生授经图》就是描绘伏生授经的场景。

《诗经》传习过程中形成了不同的流派，当时影响最大的有三派，被称为"三家诗"，鲁诗出于鲁人申培公，齐诗出于齐人辕固生，在现在的北京、河北等地有燕人韩婴在传习《诗经》，被称为韩诗一派。三家对《诗经》的解释虽有所不同，但都是用当时通行的文字写成，属"今文诗学"，与后来流传的"古文诗学"毛诗不同。东汉之后，毛诗盛行，三家诗说逐渐衰亡。

据《史记》记载，西汉初年，传习五经的硕儒共有八人，除了以上所说的伏生和"三家诗"的代表者之外，还有研习《春秋》的董仲舒和胡毋生，传授《易经》的淄川人田生，传授《礼》的高堂生。

他们先后都被汉朝廷立为博士，儒家学术思想得到了广泛传播，越来越多的人转而接受和信奉儒家学术。

（二）儒家思想传播过程中的"照着讲"与"接着讲"

小专题 8

"窃负而逃"

有个叫桃应的学生问孟子："舜为天子，皋陶是有名的大法官，如果舜的父亲瞽瞍杀人了，应该怎么办？"孟子回答说："把瞽瞍抓起来。"学生又问："那么看着父亲被抓，舜应该怎么办？"孟子回答的是："舜视弃天下犹弃敝屣也。"让舜"窃负而逃"，放弃天下背着父亲逃走。

对待"忠孝矛盾"，先秦儒家思想中有着明确的"孝重于忠"观念。《郭店楚墓竹简》中的《六德》一篇提出处理忠孝矛盾的原则是"为父绝君，不为君绝父"，这种思想突出反映了早期儒家把血缘宗族关系看得重于社会政治关系，父的观念高于君的观念。从孟子的"窃负而逃"故事中可以看出，"孝重于忠"的观念在早期的儒学著作中一直占据着主导地位。

汉初儒家学者韩婴在《韩诗外传》中刻意描写"忠孝矛盾"，而解决的方法往往是以主人翁的自杀而结束，并且在每章的最后都要引用《诗经》中的诗"进退维谷"作结尾，描写主人翁在面对这一矛盾时的彷徨和痛苦的心情。主人翁以自杀而回避矛盾，其实矛盾并没有得到解决。这只表现出作者对待忠孝矛盾并不是绝对地主张"孝重于忠"，也不是"忠重于孝"，而是取舍不定，也像主人翁一样"进退维谷"，面对问题而举棋不定、难以取舍。

到董仲舒时，汉朝儒学对先秦儒学的解读，在对经典"照着讲"的基础上注重"接着讲"，以适应社会和统治者的需要。如对待"忠孝矛盾",就有从先秦时期主张的"孝重于忠",到西汉初年的"进退维谷",再到董仲舒之后的"家国同构""移孝作忠",也就是说,当遇到忠孝矛盾,即通常所说的忠孝不能两全时,明确地主张舍孝尽忠,从而完成了对儒学思想的改造,使儒学成为既继承先秦儒学的基本思想,同时又与先秦儒学有了偏重不同的新儒学。

西汉初期的儒者在对儒家思想"接着讲"的过程中吸收融合诸子百家思想特别是道家思想,因而有人概括西汉时期的新儒家有着"道表儒里"的特征。陆贾倡导儒家思想,但同时注重弘扬黄老道家的无为思想;班固评价韩婴的思想时说他"博采杂说"等等。西汉初年,儒家思想在传播过程中,无论是道儒思想并存还是道表儒里,都是儒学在道家兴盛时期的大背景下开始复兴的必然表现。

(三)"汤武受命"的争议

商汤(约公元前1670年—公元前1587年),庙号太祖,为商太祖。商汤灭夏桀,建立商朝,在位30年,其中17年为夏朝的商国诸侯,建立商朝称王12年。

周武王姬发,周文王次子。公元前11世纪,武王伐商纣,建立西周王朝,成为开国君主。周武王有着卓越的军事、政治才能，成为中国历史上儒家标榜的圣明君主之一。

黄生与《诗》学博士辕固生在汉景帝面前争论"汤武受命"的问题。黄生说："汤、武非受命，乃杀也。"黄生说汤王、武王并不是秉承天命继位天子，而是弑君篡位。

辕固生基于传统儒学的立场反驳说："不对，桀、纣荒乱，天下归心汤、武，汤、武因天下之心而诛桀、纣，是受命，是正义的。"

黄生说桀、纣虽然失德，总是君王，商汤、周武王造夏桀和殷纣王的反，是犯上作乱。黄生说："帽子虽然破旧，但是一定戴在头上；鞋虽然新，但是必定穿在脚下。为什么呢？这正是上下有别的道理。"

辕固生反驳说："如果非按你的说法来断是非，那么这高皇帝取代秦朝即天子之位，也不对吗？"

作为"汤武受命"争议判官的皇帝汉景帝为难之处在于，否定汤武受命难以解释高祖革命的合理性，肯定汤武受命又担心在他统治时期会有人效法汤武革命，对朝廷和整个社会稳定造成威胁。因此，景帝对"汤武受命"的争议不做是非论断，只是说："吃肉不吃马肝，不算不知肉的美味；谈学问的人不谈商汤、周武王是否受天命继位，不算愚笨。"两人争论乃止。

黄生与辕固生的这次争辩说明:

第一,原本占统治地位的道家跟儒家在某些问题的交锋中已经不再处于优势地位,儒家的地位正在逐渐上升,它预示着儒家思想会取代道家思想,"罢黜百家,独尊儒术"的时代即将到来。

第二,社会秩序的维护的问题,黄生与辕固生都是只考量其一而不及其二。争论没有找到既能合理解释革命的正当性、合理性,又能维护统治者地位的理论依据,但是争论显示出学者的思想理论想贴近现实政治并为政权服务的努力。

四、西汉初年儒家思想的代表人物

(一)"吾乃今日知为皇帝之贵也"

刘邦建国之初大行分封,文臣武将公然在朝廷上争功邀宠,醉酒喧哗,拔出佩剑击打庭柱,不成体统。

叔孙通建议汉高祖刘邦制定礼仪法度,以明体统。刘邦最终采纳了他的建议,并让他负责制定礼仪工作。叔孙通认为儒家思想"难于进取,可与守成",即儒家学说难以用来夺取江山,但是可以帮助汉朝守住江山、安定江山，他主张礼仪法度是随着时代的变化而变化的，不能拘泥于旧有的理法。因此，叔孙通参照先秦儒家的礼制，制定了汉初的朝仪，为汉代礼仪奠定了基础，为汉代儒学的复兴以至独尊起到了关键性的推动作用。

汉高祖七年（公元前200年），长乐宫建成大典，这也是叔孙通为刘邦制定的朝仪第一次在大庭广众下施行。整个朝仪过程充分体现皇帝的威严，面对如此盛大庄严肃穆的场面，刘邦惊喜地说："吾乃今日知为皇帝之贵也。"（我今天才知道，原来当皇帝是这么威风啊）

（二）"马上打天下"与"握道而治，据德而立"

陆贾（约公元前240年—公元前170年），楚国人，西汉初年政治家、文学家、思想家，积极推行儒家思想，使高祖明白"逆取顺守""文武并用"的道理。刘邦即位之初，重武力，轻《诗》《书》。陆贾常在高祖面前称赞《诗》《书》，并提出可以马上打天下，但是，不能马上治天下的观点，认为武力可以夺取政权，但是夺取政权之后不能仅仅靠武力来维持。他向刘邦提出了"握道而治，据德而立"的统治方略，建议刘邦"行仁义、法先圣"，倡导儒学。之后刘邦命令他总结秦朝灭亡的教训，陆贾共著书十二篇，每上奏一篇，高祖看后都惊叹不已，名其书为《新语》。

《新语》集中反映了陆贾提出的治理天下的思想及方略，宣扬儒家的仁义德治思想，对汉初的政治和思想有较大的影响，从理论上开启了儒学在汉朝的新时代。

（三）贾谊与《过秦论》

贾谊（公元前200年—公元前168年），洛阳（今河南省洛阳市）人，西汉初年著名的政论家、文学家。贾谊在著作中总结秦朝二世而亡的教训，建议朝廷礼法并重。

贾谊年轻时由河南郡守吴公推荐，被文帝召为博士。不到一年被破格提为太中大夫。但他在二十三岁时，遭群臣忌恨，被贬为长沙王的太傅。后被召回长安，为梁怀王太傅。梁怀王坠马而死后，贾谊歉疚没有尽到自己的责任，忧伤而死，年仅33岁。

整体说来，汉文帝虽然欣赏贾谊但并不重用贾谊，贾谊的政治仕途并不顺畅，但是贾谊短暂的一生为后人留下了大量优秀的作品，如骚体赋代表作《吊屈原赋》《鹏鸟赋》，以及为人称道的政论作品《过秦论》《治安策》和《论积贮疏》等。

贾谊在《过秦论》中探讨了秦朝二世而亡的原因，他认为秦朝兼并六国统一中国，使用法术诈力是必要的，但是秦在取得政权之后，仍然以法术诈力为统治的指导思想和方法，不懂得攻守异术，从而导致了自己的迅速灭亡。

在荀子礼制思想的影响下，贾谊要求朝廷礼法并重，仁义与法治结合，敬士爱民，对老百姓施行仁义；同时运用权势法制，打击、镇压那些飞扬跋扈、与朝廷对抗的地方诸侯王。

贾谊为太中大夫时，曾上疏请求改正朔、易服色、更法度、兴礼乐、定官名，但遭到当时朝廷重臣的反对而没有实行。

小专题 9

贾谊故居

贾谊故居位于湖南省长沙市解放西路与太平街口交汇处。此故居始建于西汉文帝年间，汉武帝时期对贾谊故居进行了第一次重修，此后的两千多年里，贾谊故居历经了约64次重修，最近的一次是在1998年。贾谊故居有贾太傅祠、太傅殿、寻秋草堂、碑廊等。

第二章 「春秋大一统」「天下之常道」——新儒学的空前繁荣

董仲舒像

《春秋》大一统者,天地之常经,古今之通谊也。今师异道,人异论,百家殊方,指意不同,是以上亡以持一统;法制数变,下不知所守。臣愚以为诸不在六艺之科孔子之术者,皆绝其道,勿使并进。邪辟之说灭息,然后统纪可一而法度可明,民知所从矣。

——《汉书·董仲舒传》

董仲舒吸收了先秦时期诸子百家的思想，以改造传统的儒家思想，创造出了适应封建大一统需要的新儒学体系，为儒学在汉朝进入黄金时期创造了条件。

汉武帝时期，社会政治经济和思想学术领域的各种条件逐渐成熟，武帝开始建构适应封建大一统的思想体系，于建元五年（公元前136年）"置五经博士"，于元光元年（公元前134年）采纳董仲舒的建议"罢黜百家，独尊儒术"，儒家典籍被立于学官，儒学被定于一尊，成为占统治地位的思想学说。

一、晁错主张"削藩"与吴楚"七国之乱"

（一）晁错受景帝宠爱

晁错（公元前200年—公元前154年），颍川（今河南禹州）人。年轻时师从学者张恢，学申、商之术，由于熟悉文献典故，被任命为太常掌故，后任太子（即后来的景帝）家令，升迁为博士，是西汉文帝时的智囊。

晁错担任内史，内史府由东边通出宫外，为方便进出，他就自作主张凿了一道墙门向南通出，而这道墙是皇室的宗庙围墙，擅自凿开宗庙围墙在当时是杀头之罪。

一直嫉恨晁错的丞相申屠嘉借此机会想奏请景帝诛杀内史晁错。晁错听说后非常害怕，连夜跑到宫中，拜见景帝，说明情况，因此，当早朝申屠嘉上奏折时，景帝说："晁错所凿的墙并不是真正的宗庙墙，而是宗庙的外围短墙，况且这又是我让他这样做的，晁错并没有什么罪过。"退朝之后，申屠嘉对长史说："我非常后悔没有先杀了晁错，却先报告皇帝，结果反被晁错给欺骗了。"回到相府之后，因气愤吐血而死，谥号为节侯。

（二）"七国之乱"

西汉初年，刘邦大力剪除异姓王，大封刘姓的同姓王，认为同姓王不会反朝廷，但是事实证明，随着同姓王羽翼的丰满和势力的膨胀，照样与朝廷分庭抗礼，还起了反叛之心。

汉景帝时，晁错上《削藩策》，公元前154年，汉景帝用晁错之策"削藩"，引起藩国的强烈不满。吴王刘濞、胶西、胶东、菑川、济南、楚、赵等藩王一齐反叛，史称"七国之乱"。景帝无奈，听从袁盎计，腰斩晁错，但叛乱依然如故，没有平息。周亚夫带领军队用三个月的时间平定了七国之乱。

小专题10

"一人得道，鸡犬升天"

刘安（公元前179年—公元前122年），汉高祖刘邦之孙，淮南厉王刘长之子。文帝八年（公元前172年），刘长被废王位，在旅途中绝食而死。文帝十六年（公元前164年），文帝把原来的淮南国一分为三封给刘安兄弟三人，刘安以长子身份袭封为淮南王，时年十六岁。他才思敏捷，好读书，善文辞，乐于鼓琴。他"招致宾客方术之士数千人"，集体编写了《淮南鸿烈》（又名《淮南子》）一书。内容包罗万象。在哲学思想方面，这部著作集中体现了道家思想，主张"无为而治"，并制定了一系列轻刑薄赋、鼓励生产的政策，善用人才，体恤百姓，使淮南国出现了国泰民安的景象。

被刘安得罪的门客雷被，为争夺爵位和财产的孙子刘建，先后到汉武帝那里告状说刘安谋反。后经历史学家考证，刘安谋反的证据不足，但因正欲"削藩"的汉武帝派遣的酷吏张汤将之办成了"铁案"，最终刘安被迫自杀。在后世百姓的传说中，刘安炼丹得道，自杀升天，他吃剩的仙药被他家的鸡犬吃了之后，也跟着他一起升天。"一人得道，鸡犬升天"的传说显示着百姓对刘安的深深同情。

小专题 11

铁墓顶

2003年在山东省济南市东南方的危山发现的陪葬坑，是山东地区发现的规模最大的俑坑，也是中国汉代考古的重要发现。陪葬坑的主墓室应该是与之连成一体的危山墓室。从陪葬坑的陪葬品、规格及历史记载等来看，危山墓室的主人极有可能就是刘辟光。

史料记载，西汉时期济南大部分时间为郡，只分封过存在时间较短的两个诸侯国——吕后时期的吕国和济南国。刘辟光被分封后做了11年的济南国王，此后参与七国叛乱，兵败自杀，济南国除。

当地民间流传着许多关于危山汉墓的传说，其中之一是刘辟光在叛乱时犹豫了一下，让皇帝有时间来调兵遣将，所以平定七国之乱后，皇帝依然决定在危山厚葬刘辟光。但是，在安葬刘辟光时又以铁水汁灌墓顶，遂有"铁墓顶"一说，意思是要稳住他、镇住他，让他不再起祸。为了印证这种传说，考古人员曾经在"铁墓顶"勘测到20米深的地方，还是没发现有铁的迹象。"铁水汁灌墓顶"是当地百姓根据当时的情境想象出来的传说，还是真有其事，这还有待于主墓室的进一步发掘。

小专题 12

徐州狮子山西汉楚王墓

1984年发现的徐州狮子山西汉楚王墓位于徐州市东郊，关于墓室主人是楚王二代还是三代的争议，多数学者主张应该是三代楚王刘戊，因为二代王没有时间开凿规模宏大的墓室，并且三代楚王参与七国之乱而死，兵马俑坑的凌乱及未完工的一些迹象显示着当时下葬的仓促。

（三）儒学取代黄老之学的趋势

汉文帝实行无为而治，对于地方诸侯王纵容迁就，导致他们的势力恶性膨胀，各种社会矛盾日益激化。汉文帝去世后仅四年即汉景帝三年，就爆发了"吴楚七国之乱"。道家黄老的清静无为思想中的"无为"并不真能像《老子》书所说的那样"无所不为"，"清静无为"的黄老思想已经难以适应汉朝统治者统治国家的需要，在吴楚七国之乱中破灭，无法继续推行下去。

而经过陆贾、贾谊等人宣扬、阐释的儒家思想，则得到了包括汉景帝在内的众多统治集团中人的注目，儒学将黄老之学取而代之只是时间问题。

总体说来，儒学在汉朝的兴盛取决于许多复杂的内外因素，如思想领域儒家学者几十年的不懈努力；政治领域错综复杂的斗争；社会领域对稳定发展的需要；等等。

汉武帝采纳董仲舒的建议"罢黜百家，独尊儒术"之后，儒学成为中国社会的正统思想，儒学进入了汉初的黄金岁月，并在其后影响中国二千多年。

二、董仲舒的新儒学理论

董仲舒用功读书，"三年不窥园"，以研读《公羊春秋》出名，景帝、武帝时曾任公羊博士、江都相和胶西王相，举"贤良文学"之士，通过与汉武帝的对策，强调将思想统一于儒学，主张"罢黜百家，独尊儒术"，使儒学成为汉代及其以后封建社会的统治之学。

董仲舒的新儒学体系以先秦儒学为基础，吸收阴阳、法家、道家、墨家等学派的思想，形成以"天人感应"为特征的新儒学体系。董仲舒的新儒学体系奠定了中国封建社会的思想基础。因此，后世学者认为，董仲舒与孔子和朱熹一样对儒学的理论及思想观念的创立和发展做出了极大的贡献，他们三人是中国儒学两千年发展史上的三座里程碑。

（一）"三年不窥园"

董仲舒（公元前179年—公元前104年），汉景帝时任博士，是西汉时期著名的思想家、政治家和儒学学者，公羊学派今文经学大师。一代儒学大师董仲舒自幼天资聪颖，少年时酷爱学习，读起书来常常忘记吃饭和睡觉。他的书房紧靠着姹紫嫣红的花园，但他三年没有进去过一次，甚至连一眼都没瞧过。后来他被征为博士，聚众讲学，弟子遍布四方。

小专题 13

下马陵

董仲舒墓又叫下马陵，位于今陕西省西安市南城墙东段的和平门附近。相传，董仲舒去世之后，汉武帝亲自为他选择安葬之地，并在陵前修建董子祠。以后汉武帝每次经过这里时，为了表示对董仲舒的尊敬，三十丈之外便下马步行，从此，骑马坐轿经过这里的无论是达官显贵，还是平民百姓，都要下马步行，于是民间称这里为下马陵。

小专题 14

董仲舒故里在哪里

关于董仲舒的故里，最早记载于司马迁的《史记》一书中："董仲舒，广川人也。"董仲舒在世之时，既有广川国，又有广川县。司马迁所说的广川是指广川国，还是广川县？东汉史学家班彪在论《史记》时称，司马迁所说应为广川县，并非广川王国。关于广川县现在具体的地理位置，河北省景县、故城县和枣强县都在争名人故居，如2009年，总投资10亿元的中国（广川）董子文化园在景县广川镇正式开工建设。但经过更多学者考证，董仲舒故里应该在现在的枣强县境内，他们认为"汉世，枣强广川，离合废置，本为一也。"（明代嘉靖《枣强县志》），即古汉之广川为今之枣强。

（二）董仲舒的从政生涯

《史记》中说："董仲舒为人廉直"，刘向认为"董仲舒是当世儒者的宗师"。但是，董仲舒的从政生涯说明他在官场并非一帆风顺，他言"灾异"遭主父偃陷害，又受公孙弘排挤任胶西国相。最终，董仲舒辞官回家潜心学问，成为一代鸿儒巨擘。

因《灾异之记》书稿遭主父偃陷害。董仲舒在为中大夫期间，用《公羊》的神学思想著《灾异之记》，该书被同僚主父偃窃取，上奏给了汉武帝，汉武帝让有关官员和学者讨论。董仲舒的弟子吕步舒当时也在场，他不知道是老师的著作，就批评此书是"大愚"，汉武帝将董仲舒入狱，准备处死。后来，吕步舒多方营救，汉武帝下诏赦免其罪，复为中大夫，董仲舒再也不敢谈论灾异。

受公孙弘排挤任胶西国相。胶西王是汉武帝的哥哥叫刘端，狂傲自大，生性残忍，杀人无数，加上与中央有矛盾，因此中央派去的官员，有被明着杀死的，也有被暗中毒死的。中央官员视被派去任胶西国国相为危途，大家避之不及。

同是以儒家学者身份出仕的丞相公孙弘，猪倌出身，四十多岁才开始学《春秋》，才学、能力各个方面都不及董仲舒。因此，阴谋论者认为公孙弘向汉武帝推荐说董仲舒是胶西王国相的唯一合适人选，公孙弘让董仲舒离开中央朝廷去当胶西王国相的原因是：一方面在中央减少了一位强有力的竞争对手；另一方面借刀杀人，想借胶西王的手除掉董仲舒。

所幸的是，胶西王刘端虽然作恶多端，但对董仲舒却格外尊重、毕恭毕敬，"胶西王闻仲舒大儒，善待之"。董仲舒担惊受怕地在胶西国待着，处处谨慎，不久之后，以"病"辞官，回家潜心学问，成为一代鸿儒巨擘。

公孙弘推荐董仲舒任胶西国相，在传统儒学如班固的《汉书》中，认为这是公孙弘的品行污点。但是，后来也有许多学者为公孙弘辩护：

第一，当时公孙弘为丞相，为国家举荐人才理所当然，安排人事是他的职责。

第二，中央官职需要人才，地方官职同样需要人才。

第三，胶西王生性残暴，也不是人人都杀。董仲舒儒生的文弱性格、智慧、人格魅力等正适合这个职位，从其没有被杀掉的结果来看也是如此。"伴君如伴虎"，董仲舒任胶西国相要担风险，但是在皇帝的身边又何尝不是如此。

（三）董仲舒与《春秋》公羊学

《春秋》简介。现在所说的"五经"是指形成于先秦时期，在两汉被期奉为经典的五部儒学著作，即《周易》《尚书》《诗经》《礼记》《春秋》，传说是当年孔子亲手编订。

五经之一的《春秋》是中国现存最早的一部编年体史书。它按照年代顺序记述鲁国历史，从鲁隐公记述到鲁哀公，历十二代君主，计二百四十二年。文字非常简练，事件的记载虽简略，但242年间诸侯攻伐、盟会、篡弑及祭祀、灾异礼俗等事件，都有记载。它所记鲁国十二代的世次年代，完全正确，所载日食与西方学者所著《蚀经》相比,有三十多处相符合。

《春秋》记载鲁国经历的大事,也就是国家的历史。关于历史以春秋命名的由来,一种比较有影响的说法是:一年之中有春、夏、秋、冬四个季节,但古人重视春季和秋季,因此把国史记载叫作《春秋》。

孟子说:"孔子成《春秋》而乱臣贼子惧",孔子作《春秋》的内容、目的、社会历史作用可见一斑。徐复观先生解释说:"可以断定孔子修《春秋》的动机、目的,不在今日所谓'史学',而是发挥古代良史,以史的审判代替神的审判的庄严使命。"

1. 《春秋》三传

西汉初年,儒家学者对"六经"一般取"六经皆治"的态度,除《乐》经失传外,其他五经各有传承。在五经传承的过程中,《春秋》越来越受到重视,影响越来越广泛,出现多种关于《春秋》的传。

传是指对经典中的记载进行的解说,如《春秋》记242年历史,仅用一万六千字,文字过于简练,后人不易理解,因而要对经进行进一步的诠释,从而也使经有多种解释的可能性。更重要的是有的解说者并不是对经纯粹"照着讲",而是"接着讲",讲经的同时进一步阐述自己的观点,因此,会出现一经多传的现象。

现今流传下来的《春秋》的传主要有公羊高的《春秋公羊传》、穀梁赤的《春秋穀梁传》和左丘明的《春秋左氏传》三种,并称"春秋三传"。

春秋三传有很大的不同,《公羊传》和《穀梁传》讲"微言大义",试图阐述清楚《春秋》中孔子的本意,成书于西汉初年,用当时通行的隶书所写,称为今文。《左传》以史实为主,补充了《春秋》中没有记录的大事,是用秦朝以前的古体字写的,称为古文。学界普遍认为"左传"的史料价值要大于《公羊传》和《穀梁传》。

2. 董仲舒与《春秋》公羊学

相传孔子删定《春秋》并将其当教科书传授给学生子夏,子夏是孔子的得意弟子,学得《春秋》后又传给学生公羊高,公羊高四传而至西汉初年的公羊寿,汉景帝时公羊寿与胡毋生开始将其写成书并刻写在竹帛之上。董仲舒因为治《春秋》公羊学而成为公羊学大师,孝景帝时被任为博士。

汉武帝立五经博士,《春秋》立的是《公羊传》。当时,《春秋》三传都已经存在,立《公羊》派为博士显示着当时公羊派的一枝独秀,所以范文澜先生说:"汉武帝独尊儒家,归根到底是尊《公羊》。""罢黜百家独尊儒术"其实质是尊儒家的公羊学派。董仲舒解读公羊《春秋》的代表作为《春秋繁露》。

小专题15

知我罪我，其惟春秋

"知我罪我"是孔子编写完《春秋》后所说："知我者，其惟《春秋》乎！罪我者，其惟《春秋》乎！"

大意是说，我做的这些事，写的这本书，后人一定会毁誉不一、褒贬不一的，但我只要认为这是对的，是有价值的，不论别人如何评说，我都会坚定地做下去！

明朝的名相张居正当年孤身一人誓把改革推行到底的时候曾经说过："知我罪我，在所不计！"温家宝总理在2012年十一届全国人大五次会议闭幕后答记者问中说："我敢于面对人民、面对历史。知我罪我，其惟春秋。"

（四）"天人感应论"与"春秋大一统"

公元前134年，汉武帝下诏征求治国方略。董仲舒在著名的《举贤良对策》中依据春秋公羊学，系统地提出了"天人感应""大一统"学说和"罢黜百家，独尊儒术"主张。董仲舒主张自然、人事都受制于天命，社会的政治统治秩序和思想源于天命，因而与天命统一。董仲舒的新儒家思想适应了汉武帝集权统治的需要，因而，儒家思想最终登上了思想统治的宝座,成为官方的意识形态,开启了汉朝儒家思想的黄金岁月。

1. "人副天数"

董仲舒认为天之所以生人类,是为了实现天的意志,人完全是天的缩影,天和人具有相似的形体。例如,人身上的小关节共有366节,而这正是一年中的天数(夏历,加上了闰月);大的关节是12块,这正是一年中的月份数;人的身体内有五脏,这是五行数;身体有四肢,这与春夏秋冬四时数对应;眼睛一睁一闭,对应昼夜;性格的刚柔,对应冬夏;心情的悲哀欢乐,对应阴阳;等等。因此说人是天的复制品,天既是宇宙万物的创造者,也是人类的创造者,"人之为人,本于天"。

2. "同类相动"与"天人同类"

董仲舒首先将整个社会中的一切做类的划分,并且认为"同类相动"。例如,他说,"马鸣则马应之,牛鸣则牛应之",并且借用鼓乐器的共鸣、共振以及天气的变化对人体的影响等自然规律说明他的"物类相感"主张,由"同类相动"而得出"天人同类"的结论,"以类合之,天人一也"。

因为天与人之间可以"同类相动",人的内心有什么想法,天就会以类相应,所以人想求雨,天就会下雨,这就是"天人感应"。

3. 天人感应

在"人副天数""同类相动""天人同类"基础上建立起来的"天人感应"学说,是董仲舒整个哲学理论体系的基础。他认为天是至高无上的人格神,"有喜怒之气,哀乐之心",有喜怒哀乐的情感和制造并控制人类社会的意志。在这种神秘的天人关系中,天能干预和控制人类,人类的行为也能被上天感应。

4. 君权神授

董仲舒精心构筑的天人感应的神学目的论,是要论证"君权神授"。皇帝是天的儿子,因此称"天子",皇帝受命于天来层层统治整个社会的臣民,各封国的王侯受命于皇帝,臣民受命于诸侯国君主。在家庭关系上,儿子受命于父亲,妻子受命于丈夫,层层的统治关系都是遵循天的意志。

天子既然是"天神"的儿子,所以天子对待"天神"也要像儿子对待父母一样孝敬,每年都要对"天神"进行隆重的"郊祀",因而只有天子有资格进行"郊祀",如果天子之外的人"郊祀"就是犯了谋逆之罪。

董仲舒的"天人感应"论、"君权神授"说,将皇权的合理性和整个社会的统治秩序与天意联系在一起,适应了统治者维护其中央集权专制制度的需要。

5. "天谴""天瑞"

为了进一步强调天的意志,董仲舒还提出了"谴告"说与"天瑞"说。天创造了人就是为了贯彻和体现自己的意志,代表天的意志的统治者如果违反了天的意志,或者为政出现了过失,天就会震怒,从而制造出种种灾异,如地震、洪水、大旱等自然灾害。"灾者,天之谴也;异者,天之威也。"灾异是上天对统治者的谴责与警告。

如果君主治理下的社会秩序井然,国家繁荣昌盛富强,百姓安居乐业,符合天的意志,天也会因此而使社会上出现诸如禾结双穗、凤凰麒麟、灵芝甘露等祥瑞,以表示对统治者的嘉许,这就是"符瑞"说。据《春秋·哀公十四年》载,鲁哀公打猎时捉到一只大家都不认识的怪兽,孔子看到后哭着说:"这是麒麟啊!"。麒麟被认为是神兽,如果被捕杀是亡国的不祥之兆。

统治者应该如何顺应天意。董仲舒说,统治者要为政以德,"以仁安人,以义正我""不敢有君民之心",不要把百姓当奴隶来对待,要实行德治,善待百姓,轻徭薄赋,每年让百姓服役不过三日,赋税不过十分之一,让百姓"家给人足",从而实现天下太平,国家繁荣昌盛。

"谴告"说与"天瑞"说实质是通过"天人感应"进

一步说明"君权神授",并且推行儒家的政治思想。有的学者论证说,董仲舒的这一理论是对有着至高无上权力的皇帝的制约,因而客观上也有其积极的意义。

6. 春秋大一统

"大一统"一词,源出于《春秋·隐公元年》第一句话:"元年春,王正月"。这本来是鲁国史官于隐公元年照例记载的一句话,但《公羊传》作者认为这六个字寓意很深,就发挥《春秋》中的"微言大义"解释说,"元年"是指国君即位后第一年的开始,"春"是一年的开始。"王"是指周文王,"王正月"就是指"大一统","大",即重视、尊重之意,"一统",指天下诸侯统一于周天子。

董仲舒将"大一统"重新提出,并利用"天人感应"的理论,诠释春秋"大一统",就是"唯天子受命于天,天下受命于天子,一国则受命于君",并且董仲舒在《天人三策》中说:"《春秋》大一统者,天地之常经,古今之通谊也","大一统"是天地间普遍的法则和基本规律,无处不在,无时不有,任何人都不能违背,否则会受到上天的惩罚。"举头三尺有神明,人在做,天在看",对任何人来说都是巨大的震慑。

董仲舒认为社会的大一统应该表现在统一的历法、服饰等级、礼乐制度等方面，特别是思想统一有利于维护统治者的统治和社会的稳定。因此，董仲舒提出"罢黜百家，独尊儒术"，即"诸不在六艺之科、孔子之术者，皆绝其道，勿使并进。"董仲舒的主张最终被汉武帝采纳并推广，他完成了对儒学的改造并将其理论与政治紧密结合。在儒学与政治二者互相推动的过程中，汉武帝加强了中央集权统治，儒学思想也进一步发扬光大，影响越来越深远。

（五）"三纲五常"之常道

董仲舒推崇阳尊阴卑的理论。阴阳，本义指自然现象，向着阳光的面为阳，背阳为阴，后引申为寒和暖、暗和明等相对相反的自然现象。儒家思想中将阴阳抽象为支配自然界和人类社会的一切事物的两种对立消长的元气，并且认为动的、热的、在上的、明亮的、强壮的、男人、仁爱品德等是阳，静的、冷的、在下的、晦暗的、虚弱的、女人、戾恶品德为阴。阳尊阴卑，并且在阳尊阴卑的前提下阴阳和合，万物化生。"孤阳不生，独阴不长"，阴阳是万物产生的基础。董仲舒用阴阳的运行变化来说明自然现象和封建的伦理道德关系。自然界不可以阴阳失序，否则就会有地震等自然灾害发生；在人类社会中，男女也要各在其位，各尽其责，社会才会有正常的秩序与合于天道的良性运行。

董仲舒把儒家的基本伦理思想概括为"三纲五常",并用阳尊阴卑的理论论证"三纲五常"为"天下之常道",他认为这个"常道"是源出于天的,"天不变,道亦不变","三纲五常"之"常道"是人世间永恒不变的伦理道德原则。

"三纲"是指"君为臣纲,父为子纲,夫为妻纲"。阳尊阴卑,对应着君、父、夫尊贵,臣、子、妻卑贱。因此,前者统治后者,要求为臣、为子、为妻的必须绝对服从于君、父、夫,同时也要求君、父、夫为臣、子、妻做出表率。它反映了封建社会中君臣、父子、夫妇之间的一种特殊的道德关系要求。

"五常"即仁、义、礼、智、信,是用以调整和规范君臣、父子、兄弟、夫妇、朋友等人伦关系的行为准则。

"三纲"是源自法家的主张,战国时期法家学派的创始人韩非子著有《韩非子》一书,他提倡"霸道",创"法、术、势"并重的统治理论,批判儒家的"王道"。董仲舒将法家的"三纲"改造成为儒家的著名主张,以适应统治者的需要,这也显示着董仲舒的新儒学是在对先秦诸子百家思想的继承和借鉴,并改造传统儒家哲学思想的基础上形成的新的系统理论体系。

"三纲五常"被董仲舒提出之后,成为我国古代维护历代封建王朝统治的工具,在我国影响深远。当时,它在维护国家统一和封建制度方面,起过积极的作用,但是它同时也禁锢了人们的思想,因而在中国历史上也有着非常大的消极影响。

(六)人性论与等级教化

在人性论上,董仲舒不同于孟子的"性善论",也不同于荀子的"性恶论",而是主张"性三品说",把人性分为上、中、下三等,即圣人之性、中民之性和斗筲之性。

这种性三品说的实质是把人区分为三等,上等人就是圣人,他们的性不仅生来就是善的,并且是超过"善"的,人类社会"善"的标准和具体内容就是由他们制定出来的。下等的斗筲之人是指社会中最贫苦最"低贱"之人,他们的性生来就是恶的,甚至算不上是人性。圣人生而知之,不必受教育;斗筲之人则是愚昧的,不能受教育的。除了上、下两种人以外,其余的都是中民,中民具有善质,但必须受了教育之后才能有善性,"待外教然后能善",即中民之人性善是教育的结果,所以董仲舒人性论中的教育对象是这个中民等级的人,君王要顺天之意来完成对中民等级的人的教化。

（七）董仲舒"三统""三正"的历史循环论

1. 改正朔

用历法确定时间的方法，现在世界通用的是用公元纪年，如刘邦建立西汉政权是公元前202年等。中国古代近两千年的时间里，基本使用夏历纪年，即我们通常所说的农历。

在用农历纪年时，汉代以前的朝代多会采用不同于前朝的正朔，以强调自己的合法性，意指自己是授之于天命的意思。一年的第一个月称作正月，一月的第一天称作朔日，改正朔指重新确定一年的第一天。如夏朝以一月为正月，商朝以夏朝的十二月为正月，周朝以夏朝的十一月为正月，秦朝以夏朝的十月为正月。夏以天明为朔日，商以鸡鸣为朔日，周以夜半为朔日等。

改正朔需要计算历法，确定时间，这就需要具备较高的天文知识，也就是说，计算历法是包含技术含量的工作。再者，计算历法与授时等都与天象密切相关，因而具有神秘性，古代人认为这是与上天沟通的一种重要的形式。因此，中国古代"改正朔"有着特定的寓意和要求。

小专题 16

汉朝改正朔

汉代起初在汉高祖刘邦时,丞相张苍认为秦朝暴虐无道且寿命很短,不属于正统朝代。应该由汉朝接替周朝的火德,所以汉朝之正朔应为水德。

汉武帝采纳了司马迁的建议,又改正朔为土德,土德服色尚黄。后世的帝王一般只改年号而不改正朔,因而汉武帝时期中国皇帝的服色改为明黄色之后就一直沿用。

以后中国历史上,只有王莽和武则天为强调自己政权的合法性而改正朔。王莽采用刘向、刘歆父子的说法,认为汉朝属于火德。东汉时光武帝承认这种说法,确立汉朝正朔为火德,因此汉朝有时也被称为"炎汉",又因汉朝皇帝姓刘而称"炎刘"。

2. 易服色

邹衍,齐国人,战国时期阴阳家学派创始者与代表人物,主要学说是"五德终始说"和"大九州说",又因他"尽言天事",被人们称为"谈天衍"。

"五德终始说"是邹衍主张的历史观。"五德"是指五行,木、火、土、金、水所代表的五种德性或性能。五德中,金德服色尚白,水德服色尚黑,火德服色尚赤,木德服色尚青，土德服色尚黄。

五德终始是指五德相生相胜、周而复始的循环运转。邹衍常常以这个学说来为历史变迁、皇朝兴衰做解释，即从开天辟地开始，社会按照五德转移的次序进行循环，一个朝代以一德为主，每一德都盛衰有时，朝代也随之而兴盛或灭亡。

易服色，即随着朝代五行之德的改变而改变朝代崇尚的颜色，如周朝"以火德王"，以火的相配色红色为正色；秦朝统一中国，就自以为是"以水德王"，以水的相配色黑色为正色等。因此，中国古代的改正朔、易服色，表示一个新王朝重新享有天命。

小专题17
邹衍"大九州""小九州"说

在空间认识方面，邹衍认为天下分九州，被四海隔开。因此，世界有"四海九州"之说。中国是九州之一，称赤县神州，中国作为赤县神州又分为九州，称"小九州"。

3. 董仲舒"三统""三正"的历史循环论

董仲舒"三统""三正"的历史循环论，是从战国末年阴阳家邹衍的"五德始终说"脱胎而来,并将其与"天人感应论"相结合,成为一种新的历史循环论,使之成为"君权神授论"的理论基础。

董仲舒所说的"三统",就是指每个新王朝改服制,循环采用黑、白、赤三种颜色。所谓"三正",指三代之正朔,即一年之中的第一天。董仲舒认为夏、商、周三代都有自己崇尚的颜色的"正统";用自己的月份做岁首,即正月,改正朔。按照"三统""三正"理论,一个新王朝出现,要在历法上有所改变,衣服旗号也要有所变化,以顺天命,此即为"新王必改制"。

小专题 18

溥仪自述呵斥弟弟溥杰: 明黄色不是你该使的

中国历史上的最后一位皇帝溥仪在自传《我的前半生》中介绍,1917年他11岁,祖母和母亲进宫"会亲",二弟溥杰和大妹也跟着进宫来玩。开始很无味,后来溥仪把弟弟和妹妹带到他住的养心殿玩捉迷藏时,孩子们放开来嬉戏。玩笑时溥杰一抬手,溥仪看到他袖口里的衣服的颜色,就立刻沉下脸来问:

"溥杰,这是什么颜色,你也能使?"

"这，这是杏黄的吧？"

"瞎说！这不是明黄吗？"

"嚯……"溥杰忙垂手在一边。大妹溜到他身边，吓得快哭出来了。溥仪说他继续训斥弟弟说："这是明黄！不该你使的！""嚯！"在"嚯嚯声"中，溥仪与兄弟溥杰恢复了皇帝与臣仆的身份。

（八）董仲舒的新儒学体系是将儒、法、道、阴阳五行等各家思想融合而形成

先秦儒家思想由春秋时期的孔子开创，后来"儒分为八"，儒家思想在传承的过程中有了众多的学派，但是概括起来说，通常所说的先秦儒家思想基本特征有：

第一，以孔子为宗师。

第二，儒家的基本思想存在于儒家经典《诗》《书》《礼》《易》《春秋》"五经"之中。

第三，儒家最基本的思想是提倡仁，重视礼。具体到国家政治方面，倡导统治者行仁政。具体到家庭中倡导子女"以孝事亲"，包括"生，事之以礼；死，葬之以礼，祭之以礼"两个方面。

董仲舒新儒家思想以先秦儒家学说为基础，同时引入阴阳五行理论，借鉴法家、道家思想，建成新的思想体

系。他的新儒家思想体系剔除了先秦儒家思想中一些迂阔不切实际的内容，将其改造成为中央集权统治需要的理论，因而最终被汉武帝欣赏并欣然接纳。

三、汉武帝加强中央集权统治与儒学的繁荣

（一）"汉承秦制"与汉武帝加强中央集权统治

王夫人是汉武帝一生中宠爱的妃嫔之一，生子刘闳。在刘闳将要立为王之前，王夫人已经病得很重，武帝亲自问她说，我们的儿子刘闳肯定要封为王，你希望他以后被封在什么地方？王夫人说愿意儿子被封在雒阳（雒通洛）。汉武帝说，雒阳物产丰富，位置重要，自先帝高祖以来，汉朝就没有在这里封过王。将儿子封在齐国怎么样？齐国自古以来就是富饶的好地方。王夫人非常满意，以手击头感谢汉武帝说："甚幸"。公元前117年，汉武帝刘彻封11岁的次子刘闳为齐王。公元前110年，刘闳卒，无子，国除。

西汉实行郡国同存的建制，既有中央直辖的郡区，也有中央分封建立的藩国存在。汉武帝将宠爱的王夫人的儿子封为齐王，就是将刘闳封为汉朝的藩国齐国的齐王。汉朝的中央政权基本继承秦朝的中央集权制，中央政府由皇

帝一人独揽大权，中央一级的机构实行"三公九卿制"，"三公九卿"之称，历代说法不一。西汉从汉武帝时起，"三公"是指丞相、太尉、御史大夫，"九卿"是列卿或众卿的意思，是中央高级官员的统称，《汉书》中列了十几种有具体官名的卿位。

汉武帝在宫中设立机构，称为"内朝"或"中朝"，与以丞相为首的政务机关"外朝"相对应。任用亲信，"内朝"中的尚书台级别不高但权力大，从而分割和制约相权。（另外，汉武帝采纳主父偃的"推恩令"，解决了藩国对中央的威胁；削弱奶奶窦太后、母亲王太后娘家的家族势力，即解决外戚专权的问题，从外戚手中夺回权力；加强国家的边郡建设，设立朔方郡，增强抵御匈奴入侵的能力）

（二）采用主父偃的"推恩令"设立朔方郡

1. 皇帝慨叹与主父偃"相见恨晚"

主父偃，临淄（今山东临淄）人，出身贫寒。元光初期，主父偃西入函谷关，到都城长安寻求发展，成了卫青的门客。卫青多次向武帝推荐他，但没得到召见。适逢汉武帝鼓励吏民用百家思想上书言事，主父偃看到了希望，早晨把奏章送进宫门，傍晚就被皇帝召见，皇帝慨叹与他

主父偃像

主父偃说上曰："古者诸侯不过百里，强弱之形易制。今诸侯或连城数十，地方千里，缓则骄奢易为淫乱，急则阻其强而合纵以逆京师。今以法割削之，则逆节萌起，前日晁错是也。今诸侯子弟或十数，而适嗣代立，余虽骨肉，无尺寸之地封，则仁孝之道不宣。愿陛下令诸侯得推恩分子弟，以地侯之。彼人人喜得所愿，上以德施，实分其国。不削而稍弱矣。"于是上从其计。

——《汉书·平津侯主父列传》

推恩令

"相见恨晚"。他的上书说了九件事,其中八件被皇帝采纳为政策法令。主父偃一年之中被连着提拔了四次,成了皇帝身边炙手可热的大红人。

主父偃因灾异书稿陷害董仲舒,是历史学家笔下的污点之一。但是,主父偃是汉武帝时期一位重要的思想家和政治家,对汉武帝"尊儒"后的制度建设做出过巨大的贡献,事迹主要见于《史记·平津侯主父列传》。主父偃不是儒家出身,他早年学长短纵横之术,入仕用的是李斯思想,后来,才学《周易》《春秋》公羊学和百家思想,主父偃坚持"儒术合流"思考问题,在客观上也推动了儒学的发展。

小专题 19

主父偃散金断交

主父偃显赫之时回到齐国,先将他的兄弟和过去的朋友、宾客都叫到了一起,然后每人给他们五百金,数落他们说:"开始我穷困时,兄弟不给我衣食,宾客不让我进门;现在我做了齐国的相国,大家都一起来巴结,有些人还到千里以外去迎接。现在我正式宣布:与诸君断交,请带上我赠给你们的金子,以后我再也不跟你们交往!"主父偃风光之时给自己一点退路都不留,因此,被灭族后,只有洨县人孔车一人为他收尸。

2. "推恩令"

"七国之乱"后,藩国坐大一直威胁着中央,令中央头痛但问题又难以解决,主父偃向汉武帝推荐的"推恩令",为藩国所赞同并接受,从根本上瓦解了藩国的实力,帮助中央彻底地解决了藩国的威胁,维护了中央的集权统治。

主父偃说:"原来的藩国中,只有嫡长子可以承袭爵位,其余的子弟虽然也是他们的亲骨肉,却无寸土之地为封土。如此,朝廷倡导的儒家的"仁、孝"之道就没有真正得到落实。现在,我希望陛下颁布法令:诸侯王有愿意推广恩德,把封国分割给自己的子弟者,就封他们的子弟为侯。这些子弟肯定会人人高兴,热烈拥护朝廷的政策。诸侯王的封地名义上没削减,而实际却已被削弱,他们的势力也由此变小,再无力同中央分庭抗礼了。"汉武帝立即诏准。从此,同姓王的藩国开始由大变小,而他们的子弟也都成了侯爵贵族。由此,主父偃的"推恩令"帮助汉朝从根本上解决了同姓王坐大的问题。

3. 置朔方郡

元朔二年,卫青夺取了战略地位十分重要的匈奴的河套地区。主父偃建议设立"朔方郡",这样对外可以抵御匈奴,对内朔方的土地肥沃富饶,可以省掉转运、漕运和戍守的人力物力。

汉武帝将主父偃设立"朔方郡"的建议交给公卿大臣们讨论,公孙弘反对得最激烈,但是公孙弘见皇帝有赞同之意,马上又见风使舵地说:"俺是山东来的乡巴佬,不知道筑设朔方郡有这么多好处。皇帝英明,说设就设吧!"事实证明:主父偃的建议对国家边境的稳定和发展是有利的,从长远角度看,汉武帝置朔方郡对中国有深远的历史影响。

小专题20

博士狄山建议和亲

匈奴人前来请求和亲,群臣在皇帝面前讨论此事。博士狄山说:"和亲对我们有利。"因为当时国库空虚,没有资金来进行战争,再一个战争会使边地的百姓受苦,所以和亲好。张汤说:"他是个愚蠢的儒生,没有知识。"于是武帝很生气地逼迫狄山到边境负责一个烽障。一个多月后,匈奴人砍了狄山的头离去。从此以后,群臣震慑,不敢再谈和亲。与匈奴和亲让汉武帝感觉受到了奇耻大辱,不愿接受。在当时的观念之下,汉元帝时期的昭君出塞也是为维护边境安定、缓和民族矛盾不得已而为之的事情。

（三）"罢黜百家，独尊儒术"

汉武帝将不治儒家五经的太常博士一律罢黜，排斥黄老刑名等百家之言于官学之外。

"罢黜百家，独尊儒术"，儒学思想被统治者确立为正统思想，在政治上占据了统治地位，这有利于巩固中央集权和打击地方割据势力。从此确立了儒学在中国传统文化中的主流地位。

提拔布衣出身的儒生公孙弘为丞相，招揽儒生数百人，给以优厚待遇，并从中选拔一批人担任重要职务。独尊儒术以后，政府官吏主要出自儒生，儒家思想逐步发展，成为此后中国两千多年间的正统思想。

有人说汉武帝是内法外儒，法家思想最适合封建帝王的专制统治，儒家思想只不过是豪华的丝绸外衣。其实，董仲舒的新儒家思想正是因其内法外儒的特点而为汉武帝所推崇和接受。

小专题 21

封禅大典

古人以东方为万物交替、初春发生之地，帝王登基或太平盛世时，多至泰山行封禅大典。西汉高祖、惠、文、景帝时期，社会持续稳定六七十年，但他们都没有实行封禅。一是因为这一时期主要是崇尚黄老，二是他们认为只有统一兴盛的王朝，帝王才有封禅的资格，而当时整个社会还处于恢复时期。到汉武帝时，社会生产基本恢复，思想方面由崇尚黄老转变为"独尊儒术"，因此，汉武帝多次到泰山封禅。整个汉朝去泰山封禅的另外一个皇帝是东汉时期的光武帝。

封是祭天，禅是祭地。封禅大典是表示帝王是受天命而拥有天下的典礼。泰山，又称岱山、岱宗，位于现在的山东省泰安市境内，为我国五岳之首的东岳。

小专题 22

"思子宫"

太子刘据性格温和善良，"仁恕温谨"，汉武帝担心太子将来不能担当重任，无法管理统治好国家。而刘据善良的性格也得罪了一些主张严刑峻法的官员，如江充等。太子刘据因"巫蛊案"被江充陷害不能自明而被迫起兵欲杀江充，结果是太子走投无路而自杀。公元前89年汉武帝明白过来，为巫蛊之祸中被陷害致死的太子平反，夷江充三族，在爱子丧生的湖县（今河南省灵宝市）修建思子宫以及归来望思之台以寄托哀思。"思子宫"见证着当年朝廷中权力争斗之惨烈。

小专题 23

巫蛊

蛊是传说中的一种由人工培养而成的毒虫。《本草纲目》中说：取百条毒虫放入瓮中，一年之后打开，必有一虫尽食所有的虫子成为最毒的虫子，这只虫子就叫蛊。所谓"巫蛊"，指用巫术毒害别人，如将欲害之人的名字刻在木偶人的身上，埋在地下，由巫师对其进行诅咒。

小专题 24

耧车

汉朝时期先进的播种机。据东汉崔寔《政论》记载，耧车由三只耧脚组成，耧脚下有开沟器，播种、覆盖、填压同时完成，省时省力，效率大大提高，可以"日种一顷"。汉武帝曾经下令在全国范围内推广这种先进的播种机，还改进了其他耕耘工具，加之提倡代田法，对当时农业生产发展起了推动作用。

四、丞相公孙弘对推行儒学的贡献

公孙弘是中国古代儒生"学而优则仕"的代表,是汉武帝时期的尊儒典范,为汉武帝深化儒治做出了不可磨灭的贡献。

(一)"朝为田舍郎,暮登天子堂"

公孙弘是淄川国薛县(今山东滕州)人,他早年是监狱里的一个小狱吏,因罪免官。丢了职务的公孙弘后来就以放猪为生,称猪倌。

公孙弘四十岁开始读书,走上为学之路,曾于胡毋生处学习《公羊传》。建元元年武帝诏举贤良,他应征对策,被录为博士,其年纪已经60岁。后因出使匈奴不称圣意,免职家居。

(二)拜相又封侯的公孙弘

武帝元光五年(公元前130年),诏征文学之士,公孙弘在百多位应试者中名列下位,武帝擢为第一,再拜为博士,后历内史、御史大夫,位至丞相,并被封为平津侯。公孙弘是第一位儒学丞相,也是第一位拜相又封侯的官员，在这之前是只有侯才有资格任丞相，公孙弘拜相封侯是汉武帝尊儒的重要表现，标志着儒学在汉代统治地位的确立。

（三）公孙弘入仕后积极践履和推行儒治

公孙弘在学术上并无所长，但在汉武帝"罢黜百家，独尊儒术"的转折过程中作用巨大。董仲舒在历史转折关头为汉武帝提供了理论依据，公孙弘则制定出了具体实施的方案，是尊儒的具体实施者。

在尊儒的具体实施过程中，公孙弘于汉武帝元朔五年，提出并拟定了为五经博士设弟子员的政策，规定为博士官设置正式弟子五十人，以及为在职官员制定了以儒家经学、礼义为标准的升官办法和补官条件。为五经博士设弟子是关于儒家经学教育和选拔国家官员的方案，其中包括教育方针、选择条件、学习和考核方法、修业期满后的分配等一整套措施。

以儒家经学、礼义为标准的升官办法及补官条件，则主要是以"通一艺（经）以上""先用诵多者"为准，其中品级高的可任左右内史、太行卒史，品级低的也可任郡太守卒史或边郡太守卒史。上述制度具有极其深广的历史作用及影响，它标志着儒学在中国封建时代成为官方的统治思想，确立了其国学的地位。

五、张汤与儒学

（一）审问老鼠

张汤（？—公元前116年），西汉杜陵（今陕西西安东南）人。张汤幼时在家里因老鼠偷肉而被父亲错责，受了委屈而又倔强的张汤掘地三尺捕获盗鼠后，一本正经地自设公堂，传布文书，刑讯定罪，最后宣读判决，将老鼠处以极刑，"五马分尸"，肢解暴尸于堂下。担任公职多年的父亲见此情景也大吃一惊，张汤残忍冷血的性格和强烈的暴力倾向已初显端倪，但是张父也发现张汤的天赋，让他助理代案，专写司法文书。

（二）对判决文书不复查

张汤收到法律判决文书都予以通过，也不复查，以便掌握官属们过错，将他们的把柄攥在手中。这表明张汤为人多狡诈，善于玩弄权术驾驭他人。

（三）推广儒学

张汤在司法部门任职多年，推行酷刑峻法，深得皇帝

信赖,据说张汤患病时,武帝曾亲自前去看望。张汤是汉代著名的酷吏,但是,在推广儒学方面,张汤也做了很大的贡献:

当时皇上偏爱有文才学问的人,张汤断决大的案件,欲图附会古人之义,于是请求以博士弟子中研习《尚书》《春秋》的人补任延尉史,解决法令中的疑难之事。

春秋决狱。张汤遇到疑难判案,就亲自或者派人到儒者董仲舒家里去请教,愿意以儒家思想为判案的指导思想,从而将儒家思想贯彻在具体实践中,在客观上对儒家思想的发展和影响起到了很大的推进作用。

(四)张汤之死

张汤在官场树敌太多,他的劲敌丞相府的三位长史朱买臣、王朝、边通准备打击张汤,以罪名陷害他。他们派属吏逮捕审讯了张汤的友人田信等,说张汤向武帝奏报提出建议,商人田信都事先知道,因此加倍囤积货物,取得暴利以后与张汤平分,相当于现在的"权力寻租",还说张汤有其他奸邪之事。

武帝非常愤怒,派使臣带着簿籍以八项罪名指责张汤。张汤上疏皇帝说,是丞相府的三位长史陷害自己,并自杀身死。

张汤死后被抄家，他的兄弟之子要厚葬张汤。张汤的母亲说："张汤作为天子的大臣，被恶言污蔑致死，有什么可厚葬的！"遂用牛车装载他的尸体下葬，只有棺木而没有外椁。武帝知道后说，"没有这样的母亲，不能生下这样的儿子。"因此将三位陷害张汤的长史处死。

张汤死后家产不足五百金，皆得自俸禄及皇帝赏赐，说明他是廉吏。他为官清廉简朴，为后世所称赞。

六、儒家群像

《汉书》称赞说，汉朝儒臣与儒士人才之多，在此时达到极盛，有博学的儒者公孙弘、董仲舒、倪宽；品行笃厚者石建、石庆；推举贤才者韩安国、郑当时；文采风流者司马迁、司马相如；不辱使命者张骞、苏武及杰出将帅卫青、霍去病等。汉武帝求贤若渴，不拘一格选拔人才，群贤毕集，成为他统治中的得力助手。

（一）扬雄

扬雄，字子云，西汉蜀郡成都（今四川成都）人，西汉时期的哲学家、文学家、语言学家。扬雄的哲学成就主要是仿《论语》作《法言》，模仿《易经》作《太玄》，提出以"玄"作为宇宙万物根源之学说。扬雄主张推行儒家的德政和礼制，提倡尊儒宗孔，抬高孟子的地位，要求恢复孔孟民本思想中的人文主义和人道主义的传统。他认为诸子之学都异于孔子，只有孟子的思想与孔子一脉相承，所以孟子高于诸子。其对宋明理学时期的扬孟抑荀有重要影响。

（二）司马迁

司马迁，字子长，西汉夏阳（今陕西韩城，一说山西河津）人，于武帝元封年间任太史令，被后人尊为"史圣"。他的"究天人之际，通古今之变，成一家之言"的著作《史记》（原名《太史公书》），是中国第一部纪传体通史，被鲁迅誉为"史家之绝唱，无韵之《离骚》"，对中国史学、文学等有相当深远的影响。其中《孔子世家》《仲尼弟子列传》《孟子荀卿列传》《儒林列传》等都是研究儒学史必不可少的宝贵资料。

公元前99年秋，李陵战败于浚稽山而投降，汉武帝杀李陵一家，司马迁为李陵辩护而惨遭宫刑。司马迁陵墓在陕西省韩城市，据说他因受宫刑而体肤不全，自愧于见祖先，去世之后没有归葬祖茔，而是自己另葬一处。

(三)苏武

苏武是西汉武帝派遣出使到匈奴的使者,被匈奴扣押后拒不投降,匈奴把苏武迁移到北海边没有人的地方,让他放牧公羊,并说等到公羊生了小羊才得归汉。

苏武在北海靠掘取野鼠储藏的野生果实来充饥,历尽艰辛。他拄着汉廷的符节牧羊,睡觉、清醒都拿着,以致系在节上的牦牛尾毛全部脱尽。

汉昭帝登位以后,匈奴和汉达成和议。汉廷几经周折寻找到苏武等人。苏武于汉昭帝始元六年(公元前81年)春回到长安,昭帝专门下令叫苏武带一份祭品去拜谒武帝的陵墓和祠庙。

苏武被扣在匈奴共19年,当初壮年出使,等到回来,胡须头发全都白了,手里还拿着牦牛尾毛全部脱尽的汉廷的符节。

第三章

「罢黜百家，独尊儒术」

西汉初年诸位儒家学者的努力,为儒家复起打下了良好的基础。董仲舒吸收先秦时期诸子百家的思想,改造传统的儒家思想,创造出适应封建大一统需要的新儒学体系,为儒学在汉朝中进入黄金岁月创造了条件。

汉武帝时期,社会政治经济和思想学术领域的各种条件逐渐成熟,武帝开始建构适应封建大一统的思想体系,于建元五年(公元前136年)"置五经博士",于元光元年(公元前134年)采纳董仲舒的建议"罢黜百家,独尊儒术"。一些儒家典籍被立于学官,儒学被定于一尊,成为占统治地位的思想学说。

西汉时期,开始兴办太学,儒家经典成为国家规定的教科书,教育为儒学所垄断,使儒学成为官方的意识形态,提高了儒学的地位,扩大了儒学的影响。

起用儒学家参与国家大政,通晓儒家经典成为做官的主要条件,确立独尊地位的儒家经学与汉代的现实政治发生千丝万缕的关联,其影响渗透到社会生活的方方面面,开中国科举制度之先河。

一、起用儒学家参与国家大政

(一)察举制

察举制是指汉代为了适应国家统治的需要,建立的一整套自下而上推选国家需要的人才的制度,是汉代起用儒学家参与国家大政最主要的方法。

汉代察举制度从汉文帝时开始推行,如他下诏要求"举贤良方正能直言极谏"者,并且定下了"对策"和等第;武帝时要求举孝廉,这是汉朝察举发展史上的标志性事件。汉武帝时代,察举成为一种比较完备的选官制度。各种规定相继推出,各种科目不断增加,特别是制定了统一的选才标准和考试办法。汉光武帝时下诏命令推举"四科取士","四科"是指察举的标准,如以"德"为主的有孝廉、孝廉方正、至孝、敦厚等科;以"文法"为主的有明法科;以"才能"为主的有尤异、治剧、勇猛知兵法、明阴阳灾异、有道等科;还有要求刚毅多略、遇事不惑等科目。所有的科目,都以"德行"为先,在学问上则以儒学为主。

察举的标准虽仅有四科,但察举的具体科目却很多,对察举的具体科目按照举期分类,可以分为常科与特科两大类。常科也叫岁科,是指每年都定期进行的推举,岁科有孝廉、茂才（秀才）、察廉（廉吏）、光禄四行；特科是指不定期的为选拔特殊需要的人才而进行的推举，特科又分为常见特科和一般特科，如贤良方正、贤良文学（通常指经学）、明经、明法、兵法以及阴阳灾异等都是不定期举行的特殊科目。

在上述科目中，岁科为先，其中孝廉一科最重要。特科中则以贤良方正最重要。

（二）察举中比较典型的具体科目

1. 孝廉

早在刘邦立国的第二年，曾下令"诏举三老"，就是要求选拔年龄在50以上，"有修行，能率众为善"者，协助地方长官推行政令，"诏举三老"开西汉察举制之先河。

西汉惠帝、吕后时诏举"孝弟力田"，"孝弟"与"力田"有时分开作两科，因为这是两种德行。其中孝悌是孔子提出的，孝是对父母尽孝，悌是尊敬兄长。先秦儒家很尊崇孝道，因为它能使社会保持良好秩序，促进社会的和谐安定。至于"力田"，因为古代中国是农业社会，以农为本，农业"为生之本也"，统治者设立此科是希望大家勤于耕作，家给人足，国家富裕。举"孝弟力田"中将"孝悌"作为选拔人才的标准之一。

小专题 25
"孝悌"成为选拔官员的标准

汉武帝两次录取公孙弘为博士,最后公孙弘终老相位。公孙弘被当地两次推举,理由之一都是他是天下闻名的大孝子,对后母"尽孝",还为后母守孝三年。"以孝治天下",让孝子当丞相,理所当然。汉武帝提拔石庆为丞相,任命诏书也主要是讲其"孝"。

公元前134年,汉武帝下诏"举孝廉",同样是将"孝悌"作为选拔人才的标准之一。孝廉有"孝子廉吏"的意思。孝是指孝敬父母,廉是指清廉勤政。凡举孝廉者,前程远大,升迁较快。孝廉出身的官吏,更被认为是"正途""清流",很被看重。起初举孝廉是以郡为单位。东汉时,和帝采纳大臣的建议,改以人口为单位。

"举孝廉"起初是特科,不被重视,后来孝廉被规定为岁举常科,逐渐被重视,地位越来越重要。在汉代察举常科中,通过举孝廉这一科获得的人才最多,名人也最多。

小专题 26

汉武帝"以孝治天下"

汉武帝于建元元年下诏曰:"如今天下的'孝子''顺孙'都愿意竭尽全力奉养亲人,但外面迫于公事,家里缺乏财物,难以尽到孝心,我甚是哀怜。对九十以上的老人已有了补助(领米)制度,再免去这些老人子孙的徭役,以便让他们能与妻妾很好地供养老人。"汉武帝让天下人都读《孝经》,"举孝廉"选拔官员。

察举制本来是看一个人的品行、能力,不问出身,对整个社会起着激励、制约和导向的作用。但是,由于察举与功名利禄相关联,到东汉时期,吏治腐败,世家大族崛起,察举逐渐被门第族望把持。因此,葛洪在《抱朴子》中记录汉末的谚语云:"举秀才,不知书;察孝廉,父别居"。通过造假获取功名的现象时有发生。

小专题 27

历史上的假居丧典型

《后汉书·陈蕃传》记载:有一个叫赵宣的人,守丧二十余年,一直一个人住在墓道之中。于是郡长官认为他是大孝子,就按照当时的举孝廉制度推荐他做官。当陈蕃得知他有五个儿子，并且这五个儿子都是他居丧期间生下的，违犯了居丧期间夫妇不可同房的规定，是典型的假居丧，陈蕃大怒，给他以惩罚。

孔子主张对父母尽孝包括"生，事之以礼；死，葬之以礼，祭之以礼"。也就是说孝敬父母包括父母活着时孝敬他们和父母去世之后以礼安葬他们、祭祀他们。父母去世之后的"以礼事死"，是追养继孝，具体要求有对去世的父母守"三年之丧"等，"三年之丧"在娱乐、饮食起居等方面都有具体的要求，如居丧期间夫妻不能同房等。当时赵宣本来想以居丧持久来哗众取宠，博取功名，却不料最终身败名裂。

2. 茂才

察举岁科之一的秀才，东汉时为避光武帝刘秀讳，改作茂才（茂材）。与孝廉同为两汉重要的察举科目。

汉武帝元封五年（公元前106年）下诏："其令州郡察吏民有茂才异等可为将相及使绝国者"，这是此科的开始。

西汉时，茂才并不是岁举常科。东汉光武帝建武十二年（公元36年）诏令："三公举茂才各一人""监察御史、司隶、州牧，岁举茂才各一人"，此后茂才变为岁举，往往与孝廉并称，表明其重要性。

不同于举孝廉，举茂才往往人数较少，并且多为现任官吏，这些现任官吏举"茂才"后，因本身资历高，多起用为县令。

小专题 28
"天知、地知、你知、我知"

杨震的学问、人品和才能都是当世一流的，大将军邓骘将他推举为茂才。后来，他又连升四级，做了荆州刺史，不久，又调任东莱太守。去东莱上任时，杨震在昌邑住了一个晚上。昌邑县令王密原来是由杨震推举为茂才的。王密晚上去拜见恩人，临走时拿出十斤黄金送给杨震。杨震见状，对王密说："我了解你的为人，你为什么不了解我呢？"王密说："我知道您两袖清风，家境清苦。我正是了解您的为人，才给您送点礼物，接济您的家用。这也是我报答您的知遇之恩，有恩不报，非仁非义。就请您收下吧，反正半夜里也没有人知道啊！"杨震听罢，一改和颜悦色，非常严肃地说："天知、地知、你知、我知，怎么能说没有人知道呢？"王密红着脸收起礼物匆忙离开。

3. 察廉

察廉是汉代察举岁科之一。察廉就是察举廉吏的意思，不同于举孝廉面向全国的官吏和普通百姓，被举为廉吏者，多为低级官员，他们忠于职守，为官清廉，才被举主看中，作为察举的对象。一般情况是被推举后按原职升补。

在汉朝以"石"的数目多少确定官吏等级，分为万石、两千石、千石等共十八个等级。官吏的等级既决定其俸禄的多少，也表明身份的尊卑，但是并不完全表明政治权力的大小，如六百石官员级别不高但是有时候权力可能很大。

根据官吏等级给的报酬称俸禄，相当于现在的工资。以两千石官员为例，两千石分为中二千石、真二千石和比二千石三个等级，相当于现在的省部级官员，"中二千石月钱九千,米七十二斛"。俸禄之外，有皇帝的奖赏或赏赐，相当于现在的奖金和福利，奖赐多少视皇帝的心情而定。大一统之后的皇帝希望官员廉洁奉公，因此严厉打击贪官污吏以维护自己的统治，并且通过"察廉"选拔起用廉洁官员，同时在官吏中起到一种导向和榜样的作用。

小专题 29

东方朔受赐不待诏

汉武帝下诏赏赐肉给随行官员,东方朔说暑天应当早点带肉回家,因此,不等奉诏主肉的官员到来,自己拔出剑割了一块肉提前下班走了。

第二天,武帝让他作自我检讨,东方朔说:自己拔剑割肉多么悲壮!只割了一小块多么廉洁!回家送给妻子多么仁爱!汉武帝听了笑起来,说:"我要你做检讨,你却表扬起自己来了!"又赏赐他一些酒肉,让他拿回家送给妻子。

4. 光禄四行

汉元帝永光元年(公元前43年)开始推举光禄四行一科;光禄四行的举主为丞相、御史,被举者为光禄勋的属官;光禄四行是选拔具有质朴、敦厚、逊让、有行(或作节俭)四种品行者;光禄四行是岁举常科;光禄勋每年依此科考核它的属官。

汉武帝时改"郎中令"置"光禄勋",掌管宫廷宿卫及侍从之事,属官有光禄大夫、大中大夫、谏大夫、谒者等。

具上述四种品行的人,通常忠厚质朴、平凡任职,没有机会做出轰轰烈烈的业绩，长时间得不到提升，因此设立此科，每年从他们之中选拔一至两人，予以升迁。

5. 贤良方正

贤良方正是最主要的特科，开始于文帝二年（公元前178年），目的是"纳天下言"，即君主希望广泛听取一些公正无私、敢于直言的人对国政的意见，指出自己的不足之处，以便使自己成为更贤明的君主，并且将国家治理得更好。

当时汉代流行一种观点，认为灾异是上天对人间帝王的谴告，一旦上天降下灾异，皇帝就得下罪己诏，征求意见，以匡正过失。文帝二年的诏举，就是因为日食的缘故。所以汉代诏举贤良方正常常在灾异之后。

贤良方正多与直言极谏相连，这是皇帝"求言"的一种方式，所以称作"贤良方正能直言极谏"，汉代的皇帝大多开过此科。

这类目的在于广开言路的选才办法，在汉代以后曾经长时间使用，后演变为唐代科举的制科之一。到宋代，则以"对策"的方式向全国征求治国之道。

罢黜百家,独尊儒术:汉代儒学与政治

小专题 30

董仲舒应策

武帝建元元年(公元前140年),下诏举"贤良方正,直言极谏之士"。举主为丞相、御史、列侯、中二千石、二千石、诸侯相。丞相卫绾上奏说,被举之人"或治申(即申不害)、商(即商鞅)、韩非、苏秦、张仪之学,乱国政,请皆罢",不是儒学出身的都不取。卫绾的建议得到采纳,这说明以儒学为正统,从这时开始确立。

董仲舒是此次被察举者之一,由汉武帝亲自策问。董仲舒在"罢黜百家,独尊儒术"方面提出对策,他认为治理天下,要靠皇帝的德政,不是靠天;并提出"刑者不可任以治世",治天下不能光靠刑罚,又引孔子说:"不教而诛谓之虐";因此,治国以宣德政、施教化为主。董仲舒还提出培育人才的方法:"臣愿陛下兴太学,置明师,以养天下之士"。关于用人,他说用天下之贤人,量才授官。董仲舒认为要推"孔子之术",就要使其他各家"皆绝其道",这就是"罢黜百家,独尊儒术"的方略。这篇对策武帝非常欣赏,就定董仲舒为第,任为江都相。

公元前134年武帝元光元年又诏举贤良,董仲舒在察举方面提出对策,主要有:提出以各郡人口多寡定举人之数;所荐之人"贤"(优秀)有赏,"不肖者"(不合格）则罚；量才授官；以及"四科"之制等。董仲舒的对策被采纳，这是董仲舒对察举制正式确立和实行所做的贡献，并奠定了察举制度的基础，察举作为比较完备的选官制度正式确立，儒学的地位、察举的标准，得到完全地推行。

小专题 31

清代科举考试系统简表

起源于汉代察举制的科举考试开始于隋代，清光绪三十一年（公元1905年）废止。科举分四级考试：院试（童试）、乡试（秋闱）、会试（春闱）、殿试（皇帝主考），考上的分别为秀才、举人、贡士、进士。

6. 贤良文学

在汉代，选拔人才既注重品德修养，也注重文化素质。"贤良"的含义就是德行兼备。自从汉武帝实行罢黜百家、独尊儒术以后，"文学"的涵盖范围实际指"经学"。因此，察举中常见特科贤良文学一科，所立的选才标准是：品德与文才兼备，又要有良好的经学底蕴。

此科是以文学为主，主要荐举对象是儒生。如元光五年（公元前130年）公孙弘再次被举为贤良，当时参与对策者一百多人，太常把公孙弘的对策定为下等，而武帝却非常欣赏公孙弘的对策，将公孙弘提拔为第一名，还亲自召见公孙弘，看见他容貌壮伟漂亮，就拜他为博士。从此公孙弘平步青云，官至丞相，爵封列侯。

小专题 32

东方朔上书自荐

东方朔（公元前154年—公元前93年），西汉大臣、文学家。他是汉代的一位奇人，善辞赋，能言善辩。他从小失去父母，由兄嫂养大。相貌堂堂，勇、捷、廉、信等美德兼备，因此，"可以为天子大臣"。

汉武帝即位之初，征天下举贤良文学才力之士，东方朔22岁时与上千名士人一起，上书自荐。东方朔脱颖而出，得以提拔，成为举贤良文学才力之士。

东方朔曾担任常侍郎、大中大夫等职，常讽谏汉武帝的得失，始终没有得到重用。他的名作《答客难》，抒发的就是自己有才智而得不到重用的苦闷。

7. 明经

汉代察举中的明经科，是最重要的特科之一。"明经"就是通晓经学，所谓经，原指先秦经典，自从汉武帝尊崇儒学，经就专指儒家经典。其实，察举各科都有经学内容，被举者也要熟习经学；把明经特立为一科，说明经学在汉代察举制中受重视的程度，以及经学在汉代政治上的重要地位。汉代的读书人为了应举、入仕，自幼就苦读经书。

汉代许多名臣，如孔安国、贡禹等都是明经科出身，韦贤、韦玄成父子皆以明经科入仕，先后位居宰相。

8. 明法

《汉书·元帝纪》载宣帝说："汉家自有制度，本以霸王道杂之。"意思是说汉朝治国的传统制度是儒法并用。因而汉朝在选官时既选拔通晓儒学的儒生，也选拔通晓律令的人才。因此，设立明法一科，作为特科中的重要科目。两汉以明法被举者多出于司法部门。由于在断狱中更能熟悉业务并显露明习法令的才能，因此容易受举而得到升迁。

9. 明阴阳灾异

董仲舒的天人感应说，主张天有意志，天和人相类相通，天能干预人事，人的行为亦能感应上天，自然界的灾异和祥瑞，表示着上天对统治者的谴责和嘉奖，因此阴阳灾异与国家政治有密切关系。

在察举的特科中设立明阴阳灾异一科选拔有关人才，这一特科大都在有天地灾异发生的年份才开科，如遇旱涝灾害、地震等自然灾害及月食、日食等异常天象时，皇帝往往特下诏"举明习阴阳等有识之士",帮助政府从"天人感应"角度分析解决问题。

10. 勇猛知兵法

"国之大事,在祀与戎",祭祀与战争关系到国家的生死存亡。因此,两汉时期将选拔作战勇猛又熟知兵法、能率军作战的人才列为一科。在隋唐的科举考试中,有文、武两科,武科的渊源就是汉代察举科目中的特科:勇猛知兵法。作战勇猛又熟知兵法,能率军作战,这就是此科所选之人才,此科始于汉成帝元延元年(公元前12年),这一年发生日食,成帝恐天下有变,下诏令"北边二十二郡举勇猛知兵法者各一人"。在灾变不息,盗贼众多的东汉,急需较多军事征战人才。但是一般而言,汉代察举制仍以明经科为最重要的特科之一。汉代从昭宣以后的历任宰相几乎全是读书人,其都经由地方选举而来。

在察举人才时,以"举孝廉"和"举贤良"为主,但也不拘一格,凡是有一技之长或有"道术"者,也被录用和提拔,如汉武帝录取学《长短经》及李斯思想的主父偃以及放羊出身的卜式为官等。

但是,在各类人才的选拔中,始终对众位被举者以儒家思想为标准的思想道德品质的考察为主,有的科目直接考察被举者对儒家经典的熟知程度。因此,儒家学说成为选拔人才、任官授爵的主要标准，儒学和仕途完全结合起来，使得儒学大兴。

汉代察举制度实行举荐与考试相结合的方法。官吏保举制度，中央或地方官员为朝廷物色人才，推荐人才，让朝廷能够快捷有效地选拔国家所需要的各类人才。在举荐时实行连坐制度，举人失当，用人失察，举者负连带责任。这样使得不符合需要的人如能力不足或犯上作乱、贪得无厌之品质的人不会被推举；被举荐人感念知遇之恩，会考虑如果犯事的话，恩人即被牵连，因此会慎重从事，以此对举者和被举者形成了制约作用，有利于朝廷对官员的管理。但是，到东汉时期，吏制腐败，这样的举荐制度受到严重破坏，舞弊不断，下层百姓往往不能再通过这种途径走上仕途。

二、兴办太学

（一）"兴太学，置明师，以养天下之士"

董仲舒提出"兴太学，置明师，以养天下之士"的建议，把养士与选士相结合，对改善行政官员的质素有重要意义。汉武帝采纳董仲舒的建议，于建元六年（公元前135年）在都城长安（今西安）设立了太学——国家最高学府。因此，太学就是西汉时期的国家公立大学。

（二）太学生的招生与选拔

进入太学的称为博士弟子或太学生，条件是年龄在18岁以上，仪表端正。博士弟子的选拔，内由太常负责，外由郡国察举。学生的出身有官宦子弟，也有家境贫寒者。

小专题33

太常

两汉时期，太常也称奉常，王莽时期改称秩宗，是俸禄为两千石级的高级官员。主要职责有：一是主管祭祀社稷、宗庙和朝会、丧葬等国家宗庙礼仪，在祭祀时做主祭人皇帝的助手；二是主管皇帝的寝庙园陵，其所在的县也由太常主管；三是掌管文教，因此太学博士弟子的选拔和考核等具体由太常负责。太学又成为培养、选拔通经学的管理人才的一个重要机构。

太常主管的宗庙祭祀陵园等都是当时的大事，职责要求熟悉儒家的丧葬祭祀方面的礼仪和观念主张。由太常负责选拔的博士弟子主要学习的是儒家经典，因此大多是以名儒担任的太常是十分尊贵的职位，居九卿的首位。

（三）太学生人数

在汉武帝成立太学之初只设五经博士，置博士弟子五十名，汉昭帝时增至一百人。汉元帝时博士弟子达千人，汉成帝时增至三千人。王莽秉政，为了树立自己的声望，并笼络广大的儒生，在长安城南兴建辟雍、明堂，又为学者筑舍万区，博士弟子达一万余人。东汉时更是前所未有地达到三万在校生规模。

（四）太学开设科目

汉武帝"罢黜百家，独尊儒术"，治战国百家言的博士全部废除，只立五经博士。"五经"即指儒家经典《诗》《书》《礼》《易》《春秋》等。因为一经也有几派说法，因此到宣帝以后，五经共设有十四博士。武帝建立太学以后，五经博士在太学中任教，给博士弟子即太学生讲授儒家经典。因此，太学成为传授和传播儒家经典的最高学府。

小专题 34

熹平石经

太学中主要讲授儒家经典五经，但是五经流传中都分别产生了好几个版本，流传过程中抄写经籍错漏更增加了版本的混乱。每一经在传授中也形成了几个门派。因此，门派之争不能平息，这也影响到儒家经典的权威地位。

汉灵帝在熹平四年（公元175年）诏令当代名儒蔡邕、马日䃅等正定五经文字，由蔡邕以隶书书写然后刻在碑上，将碑树立于太学门外，被称为"熹平石经"，河南郡设卒看守，全国各地来观看和抄录经文者络绎不绝。熹平石经是我国古代由政府统一颁布的第一套标准教材，是经学发展史上第一部公之于世的官定经书。

蔡邕的女儿蔡文姬兵荒马乱中流落至南匈奴，曹操派使者带着礼物去把她接回来。文姬归汉后，整理父亲蔡邕所遗书籍四百余篇。

（五）太学生的考试及去向

太学生每年进行一次选拔性考试，根据成绩将学生分为甲乙等，甲等可以在宫廷充皇帝侍卫，乙等回归本乡作吏。也有的学生回乡收徒为师，传播儒学，极个别的学生从事其他职业。

太学为国家培养人才，还直接为国家选拔优秀的官员。两汉时期的绝大多数官员都是太学出身。他们"学而优则仕"，走上仕途，"通经致用"，进一步扩大了儒学的传播，使儒家思想深入到社会生活中，影响社会生活中的方方面面。

（六）太学与党锢

太学开办之初即与政治联系密切，东汉时期太学逐渐成为清议的中心，这些"天下名士"认为东汉政治黑暗、王朝衰败、农民起义不断的主要原因是外戚、宦官专权。

东汉晚期陈蕃、李膺等人反对宦官的黑暗统治，得到太学生的支持和响应，于是太学生也成为宦官打击的对象，不少与党人（天下名士）有牵连的人遭到禁锢。熹平元年，太学生被宦官逮捕和囚禁的有一千余人。

（七）儒学与太学相互促进

第一，兴办太学。儒家经典成为国家规定的教科书，规定太学生员即博士弟子一律由儒家五经博士负责教授，学完经考试合格后即可到政府任官。兴办太学使汉朝育才与选贤双轨并进，从而提高了儒学的地位，扩大了儒学的影响，使儒学成为官方的意识形态，太学也随之而兴盛。

第二，打破了以往由贵族官僚世代为官的陈规，使非贵族官僚家庭的子弟可凭太学资格做官，提高了儒学地位的同时，为封建中央集权统治选拔了大量人才，从而巩固了中央集权统治。

第三，教育为儒学所垄断。通晓儒家经典成为做官的主要条件，从而儒学与政权紧密结合，儒学和儒学经典的权威地位确立，导致儒家之外的诸子百家的学子因为没有了晋升之路而日渐衰微，对中国影响极为深远。

小专题 35

博士

博士，秦汉时是掌管书籍文典、通晓史事的官职，后成为学术上专通一经或精通一艺、从事教授生徒的官职。

秦朝时有博士七十人，汉承秦制，诸子百家都有博士。但是，汉文帝时，置《诗》《书》博士，景帝时置《春秋》博士，汉武帝又为《易》和《礼》增置博士，即汉武帝时的"立五经博士"，同时罢黜诸子百家的传记博士，所以汉武帝之后，汉朝博士都是儒学博士，主要职责是讲解儒学经典。儒学博士对经学的建立和发展起了重要作用。

三、"以孝治天下"

——儒家思想对整个社会的深远影响

(一) 对皇室的深刻影响

汉文帝顶妻背母。白鹿原上长眠着的汉文帝刘恒以仁孝闻名,侍奉母亲薄太后从不懈怠。母亲卧病三年,他亲自侍奉母亲,母亲所服的汤药,他亲口尝过后才放心让母亲服用。汉文帝表示愿意以死后"顶妻背母"报答母亲的恩德。后汉文帝陵与其母薄太后南陵、皇后窦陵即按"顶妻背母"状安置,为后世赞誉。

1. 冒充前太子事件

汉武帝的太子刘据因谋反罪被杀,后传位于年仅8岁的少子刘弗陵,即昭帝。昭帝即位五年,有人冒充前太子,引起京城骚动。京兆尹隽不疑解释说,如果他真是前太子,也是已经被武帝废掉的太子,已经没有了皇位的合法继承权,并且没有死也是欺君之罪;如果是别人冒充前太子更应治罪。京兆尹隽不疑依据《春秋》公羊学的微言大义,不管这个前太子是真是假都应该治罪,最终冒充的男子入狱,事件平息。

从尧舜禹启到秦汉时期,一国之君的权力的传承主要有传说中的禅让,还有篡夺、诛伐及世袭等几种形式。

自周公以后，西周政权基本实行嫡长子继承制的世袭制度，这种制度保障了嫡长子的继承权利，解决了以前各种权力交接形式中的交接者的不确定性、交接方式的不确定性等问题，维护了诸侯国君主的利益，起到稳定和巩固统治阶级秩序的作用。后世学者认为西周嫡长子继承制的世袭制度的确立应该归功于周公，这种制度成为中国历史上各个朝代权力交接的基本模式。而孔子对于权力的传承也是高度赞扬世袭制，并用宗法制及礼的等级制度论证世袭的正当性和合理性。世袭制成为儒家皇位传承方面的基本主张。

权力在家族内部和平世袭的过程中，嫡长子继承制同时伴随着"贤子"继承制的要求与斗争，还有儿子继承制与兄弟继承制的矛盾斗争等，但是总体说来，"肥水不流外人田"，皇位的传承都是在家族内部，在内部传承过程中遇到矛盾时，大家一致的意见是用儒家思想进行解释说服大家，因而冒充前太子事件，京兆尹隽不疑依据《春秋》公羊学的微言大义解决了危机，维护了昭帝皇位继承权的合法性。

2. 哀帝"断袖之癖"

哀帝继承皇位之后，想推出革新政策，但是遭到大贵族官僚和傅太后的干预和反对而不能推行，哀帝变得消极堕落。堕落后的汉哀帝成为中国历史上著名的同性恋皇帝，他宠爱御史董恭之子董贤。哀帝晋升董贤为大司马，甚至一度要将皇位禅让给董贤，并在临终时把御玺交给董贤。但是，大臣们认为哀帝统治天下之大权来自高帝，并不是哀帝私人所有，因而最终因大臣一致反对而作罢。哀帝死后，董贤失去一切权力，被逼自杀。据说当年汉哀帝与董贤午休相拥而眠，哀帝醒时董贤尚未醒，哀帝于是命人割裂衣袖起身，以免惊醒董贤，这一段传说即为关于同性恋成语"断袖之癖"的由来。

小专题 36

左雄

东汉时期，外戚和宦官专权严重影响到中央的皇权统治。左雄基于传统的儒家伦理观念，在顺帝即位之初不得不封赏宦官、加封梁冀的时候，就大胆地上书建言：希望皇帝能够远离外戚与宦官，以维护皇权中心的正统性和合法性；并建议朝廷重视儒家的贤人政治，希望以吏制的改革促进东汉政治的健康发展；建议重提儒家伦理，以期以儒家伦理规范人们的行为和社会生活。无奈东汉王朝大势已去，左雄的建议与主张并没有被采纳。

（二）春秋决狱，儒学对法律的制定及断案等方面的影响

儿子杀了人，父亲将儿子藏起来，根据法律，父亲犯了窝藏罪。但是，董仲舒认为，按照《春秋》"父为子隐"的主张，老人应该把儿子藏起来，因此判老人无罪，这种利用儒家经典《春秋》来判狱的方法即人们通常所说的"春秋决狱"。

董仲舒以病辞去胶西王相，回归故里，专心讲学著书。由于董仲舒的学术造诣和巨大声望，朝廷遇到棘手的问题，还要派使者或主司法之事的廷尉张汤亲自到他家里去求教，每次董仲舒都能给予明确的答复。之后，董仲舒将其集之以书，书名便叫《春秋决狱》，这部著作通过案例说明判案要以儒家经典《春秋》的经文为根据。同时，董仲舒要求根据动机来定罪。

汉代的审判决狱已经深受儒家思想的影响。《武威汉简》记载，河平元年，汝南西陵县昌里一个老人名叫"先"，年七十"受王杖"。有一定地位的吴赏让仆人殴打了先，案子起诉到了官府，太守决定判处吴赏死刑，上报廷尉。廷尉批示：定罪明白，吴赏应当斩首。

汉宣帝下诏给年长的老人"受王杖"，王杖相当于皇帝的"符节"。王杖顶端有斑鸠鸟的雕像，使百姓一看便

知道，有人胆敢辱骂、殴打拿王杖的老人，按大逆不道罪惩处。拿王杖的老人可出入官府、郎官的办公场所，在驰道旁道行走。"鸠"不鲜明的应予更换。

刘邦入汉中时即与当地百姓约法三章，"杀人者死，伤人及盗抵罪"，受到当地百姓的欢迎。自古以来，"杀人偿命"，而伤人只受相应的惩罚而不会是以命抵命。但是，儒家特别提倡孝道伦理，孟子说，"老吾老以及人之老"，在"以孝治天下"的汉朝，老人受到特别的尊敬和优待。指使仆人欺侮殴打老人的吴赏的罪行与儒家伦理联系起来，即受到判处死刑的重判。

（三）"皓首穷经"

1. 师法与家法

师法即指师所传授之法，是西汉初年经学确立过程中诸位儒学大师对经典的解释说明和传授等的统称。汉时博士及其弟子都以"师法"说经。后来五经各立数家，数家经法又有不同的传承，各成一家之言，所以就产生了家法。

清朝皮锡瑞在《经学历史》中说，先有师法，后有家法，师法是溯源，而家法则是发展。汉人最重师法，一字一句都不敢与其师授有所出入，这种治经方法束缚了经学的发展。

2. 经传注疏

西汉时期，儒学被定于一尊之后，后人对经传进行注疏要遵循"注不破经""疏不破注"的原则，即注释是对经传的解释，不能突破经传的原意而随意发挥。

经：在武帝独尊儒术之前，经学非儒家特有，儒学独尊以后，只有儒家经学被列为官学，受到官方高度重视，于是后世所谓经学便成为狭义的儒家经学，专指立于儒家立场阐释、发展六经的学术。在西汉时经常说六经，其实《乐》经已经失传，只有《诗》《书》《礼》《易》《春秋》五经，后来又增加为七经、九经，在中国历史上，最多的时候有十三经。

传：所谓传，是指对经的传述，主要是指关于五经的解释性或辅助性的作品。如著名的《春秋》三传，《易传》等。

注：注是对儒家经传的再解释、注释。"注"的本意是指水的灌入、灌溉，后来引申为"注释""记载"的意思。如两汉时期刘歆、服虔都曾经给《左传》作注。

疏、正义：疏和正义是唐代以后出现的新的注释经典的说法。唐代去古已远，即使是汉代的许多注释也变得不容易理解，因此，在注释经典的时候，不但要注释正文，而且还要对汉人的注释进行再度注释。最典型的作品如《五经正义》。

3. 解说经典

武帝独尊儒术之后，儒家经典开始具有只可信奉不能怀疑的权威性。说经越来越烦琐，"一经说至百余万言"，有个叫秦延君的《书经》大师，解释"尧典"二字就用了十多万字，解释"曰若稽古"四字用了三万多字。经之下的传，传之下的注，使得学习儒家思想变得越来越复杂，越来越辛苦。人们读经时必须同时读传与注，这样才能读懂其意义，才能保证理解掌握正统的儒家思想。一个人从幼年开始学经，往往要到满头白发，耗费尽毕生精力才学会说经。

（四）儒家思想礼仪形式成为整个社会中的基本规范要求

儒家思想中的礼仪形式成为整个社会中的基本规范要求，如丧葬礼仪中对三年之丧的严格恪守，由于倡导和重视及其与名利结合，出现过度居丧（如饿死），假居丧等。

小专题 37

甄邵"贪官埋母"

东汉梁冀专权的时候，颍川有个叫甄邵的人谄媚依附梁冀，当了邺城县令。朝廷准备任命甄邵为郡守时，他的母亲不幸去世。按照汉代政府的规定和习俗的要求，甄邵应该辞官在家守孝三年。这样，甄邵就失去了这次升迁的机会。甄邵求官心切，于是偷偷地将母亲埋在马棚中，先接受朝廷给予升迁了的官职，然后才给母亲发丧。这在当时不但是大逆不道，而且是犯了欺君之罪。在甄邵回洛阳途中遇到李燮，李燮派人砸坏甄邵的车子，对甄邵乱棍加身，并在甄邵的背上写上"贪官埋母"，还向朝廷禀明其所作所为，最终甄邵被绳之以法。

第四章 「我注六经」与「六经注我」
——东汉时期儒学的发展

东汉时期儒学的发展主要表现为经学的空前繁荣。

王莽建立政权之后,托古改制,重视儒家古文经,立多家古文经为博士。王莽和他的谋士刘歆为儒学古文经的兴盛起到很大的作用。

儒家经学的今古文之争本身就是儒学兴盛的表现。在今古文之争中,东汉中叶以后的儒学大家马融、郑玄、许慎、何休等兼通古文和今文,使经学逐步融合,趋于统一。特别是经学权威郑玄,注释经书,兼用古今,集两汉经学之大成,两汉经学界限不再分明。

东汉时期整理注释的众多儒学新经本,辗转流传影响至今。

一、王莽与儒学

(一)王莽其人

王莽的祖父王贺,字翁孺,有八子四女,他的次女也就是王莽的姑姑王政君被选进入宫,在元帝、成帝、哀帝时分别为皇后、太后、太皇太后,是宫中的实权人物。她去世时84岁,一生经历七朝,是中国历史上最长寿的皇后之一。

王莽的家族因王政君而骤然显贵,他的叔父大爷王凤等有十位被封侯,有五位成为大司马。然而,王莽的父亲因为早逝,没有被封侯,王莽家孤儿寡母,生活拮据。但是,王莽待人谦恭,勤奋学习,孝顺和照顾寡居的母亲、嫂子,侍奉他的几个叔伯时循规蹈矩,一丝不苟,在照顾垂死的伯父王凤时蓬头垢面,衣不解带数月。王凤去世之前托元后一定提携照顾王莽。王莽进入官场,官越做越大,成帝时封王莽为大司马。王莽把财富分给他人,以致家无余财。因此,年轻的王莽有着良好的声誉,德行为"世之楷模"。

"试玉要烧三日满,辨材须待七年期。周公恐惧流言日,王莽谦恭未篡时。"这是唐朝诗人白居易的一首小诗中的著名诗句,意思是说,对人、对事要得到全面的认识,都要经过时间的考验,从整个历史去衡量、去判断,而不能只根据一时一事的现象下结论,否则就会把周公当成篡权者,把王莽当成谦恭的君子了。

王莽替代西汉政权建立"新"朝之前与之后,人们对他有着截然相反的两种评价。

(二)王莽称帝

经历元、成、哀、平帝之后,西汉王朝已经日薄西山。平帝去世之后，能干而又雄心勃勃的王莽不甘居人臣，他利用手中控制着的朝政大权，立仅2岁的孺子婴为帝。王莽让人在井中投一上圆下方的石头，上有丹书："告汉安公莽为皇帝"，至此，王莽自称"摄皇帝"或"假皇帝"。公元8年，梓潼（今四川梓潼县）人哀章，自作写有劝王莽为皇帝的铜印两枚，投放到井中，再令人淘井，得到铜印，献给王莽，被王莽授以官爵。王莽得铜印后，改正朔，易服色，即天子位，改国号"新"，在长安建都，并逼迫姑母王政君交出传国御玺。

西汉后期，儒家思想逐渐与迷信联系密切，形成谶纬迷信思想，朝廷利用谶纬迷信来论证自己的政权来自天意，从而证明自己的政权的合法性和神圣不可侵犯。而此时，王莽恰恰是利用谶纬迷信，来证明自己也是顺承天意建立政权。

（三）王莽与儒学

王莽一生与儒学关系密切。王莽自幼熟读儒家经书，有着良好的儒学思想修养。之后，王莽有着众多的儒生朋友，如启用大儒学家刘歆为国师，他们对王莽政权有很大的帮助作用。

王莽建立政权之后，重视儒家古文经，立多家古文经为博士。王莽和刘歆为儒学古文经的兴盛起到很大的作用;王莽托古改制,特别重视古文经中的《周礼》,他按照《周礼》制定国家的规章制度,官职的设置也完全按照《周礼》的要求。

关于王莽与儒学关系,后人的传统评价是,儒学对王莽政权最终起到"双刃剑"的作用,一方面,新儒家思想重视礼仪等级秩序和封建伦理纲常,对维护社会秩序能起到良好的作用。儒家思想在西汉兴盛百年,经历百年的发展已经深入人心,王莽重视儒学并利用儒学为巩固自己的政权服务。但是,另一方面,儒学伴着西汉政权的兴盛而开始了自己的黄金岁月,董仲舒完成的新儒家思想是为汉朝的一统政权服务的,论证的是汉朝政权的顺承天意,因而具有神圣不可侵犯的合法性,树立皇权的绝对权威,因此,儒家思想维护的是汉朝刘姓皇族的利益,王莽建立政权就是"篡汉",大逆不道,必然不得人心,会"搬起石头砸自己的脚",将自己引向灭亡。

小专题 38

《剑桥中国秦汉史》:
班固《汉书》中的王莽

王莽不是班固所述的那个无能、狡猾、伪善和妄自尊大的蠢人。王莽虽然在西汉末年握有重权多年并当了15年皇帝，在班固的《汉书》中却没有他应有的历史，只在《汉书》之末有一篇带有无情的偏见和捍卫汉朝的情绪的王莽传记，内容也是对他的为人和他的统治进行连续的批判，他没有政绩，没有支持者。这种写法失之客观，原因是班固是儒家学者，他写《汉书》是站在正统的刘姓汉室的立场上来记述历史，王莽作为"篡汉"者当然会受到批判。

其实，王莽统治期间并没有来自刘姓皇室成员及社会上各阶层的激烈反抗，王莽的最终灭亡只是因为遇到了极为严重的灾荒却处置不力造成的。

二、东汉世系图

光武帝刘秀于公元25年建立政权，是为东汉。东汉王朝共14帝立国196年，220年灭亡，都城在河南洛阳。

光武帝刘秀　25年—57年，在位34年（原名刘绣）

明帝刘庄　58年—75年，在位18年

章帝刘炟　76年—88年，在位15年

和帝刘肇　89年—105年，在位17年

殇帝刘隆　106年，在位106天

安帝刘祜　107年—125年，在位19年

婴帝刘懿　125年

顺帝刘保　126年—144年，在位20年

冲帝刘炳　145年

质帝刘缵　146年

桓帝刘志　147年—167年，在位22年

灵帝刘宏　168年—189年，在位23年

少帝刘辩　189年

献帝刘协　189年—220年，在位31年

三、刘歆与古文经

（一）刘歆的父亲刘向

刘向（约公元前77年—公元前6年），又名刘更生，字子政，沛县（今江苏沛县）人，汉高祖的弟弟刘交的四世孙，西汉经学家、目录学家、文学家。

刘向性格耿直，不会投机取巧。宣帝时，刘向向崇尚神仙方术的宣帝献上自己的父亲在审案时得到的炼金秘方，宣帝按照秘方炼制却没有应验，于是大怒，要治刘向死罪。刘向的哥哥以一半家产充公，才赎回了他。元帝时因反对宦官弘恭、石显下狱，后免为庶人。

成帝即位后刘向得以任用为光禄大夫,他自幼博览群书,熟悉儒家经典,精通天文星象之学,皇帝下诏刘向领校宫中藏书。刘向校书于秘阁长达十九年。刘向校书是一项艰苦的工作,因为当时搜集到的图书都是经众多的人多年口传或传抄,内容及文字上差异很大。刘向等人经过校勘、整理,写出定本后,刘向再撰写一篇叙录,介绍书的名目、校勘经过和主要内容等,奏报给皇上。这些叙录以后编辑在一起,名为《别录》,共十二卷。《别录》成为我国目录学的奠基之作,因此,刘向被公认为中国目录学之祖。《别录》现仅存《战国策》等八篇。

(二)刘歆

刘歆是刘向的儿子,西汉末年著名的经学家、目录校勘学家、天文历法学家、史学家及诗赋家。曾经和父亲刘向共同校勘皇家的藏书。所著《七略》为中国第一部图书分类目录著作,现已失传,仅可从《汉书·艺文志》中了解其大体概貌。刘歆少年时与王莽同为黄门郎,关系密切。但是,刘歆是当时讲仁义忠孝的儒学大家,并且是汉朝刘姓皇室后裔,王莽登位后他出任国师,为王莽政权效力,被后世儒家学者认为是他人生中的污点。

（三）刘歆与古文经——刘歆对古文经学的贡献

自西汉晚期开始，古文经学的振兴是与刘歆的积极倡导分不开的。他在长期校勘皇家图书的过程中，接触到大量的外人无法看到的古文经籍，他对古籍进行了认真整理，并取得很大的成就。

刘歆在整理皇家图书时，发现"左丘明书"的书籍，如获至宝。刘歆把左氏书分成若干章节段落，附到《春秋》相应的经文后面，编成了《春秋左氏传》。

他同时挖掘了一批古书，如他首次披露《逸礼》和《古文尚书》的来历，并且将秘藏的古文经本传出内朝，使更多的士人有机会学习；他首次将《毛诗》归于古文经典；他首次将《周官》称为"经"，列入古文经典；他还重新排列了六艺的顺序，把《易》经提到首要的地位；等等。

刘歆请求哀帝将《左氏春秋》和《毛诗》《逸礼》《古文尚书》立为博士。哀帝要刘歆与五经博士共同商议这件事，这涉及古文经与今文经之争，因此今文经博士们共同抵制，拒不参加。刘歆非常恼火，写《移太常博士书》发表公开评论，对今文经博士们进行公开指责，引起众怒，最后只好自求外放为河内太守。

四、白虎观会议

白虎观会议是公元79年东汉章帝时召集大夫、博士、议郎、郎官和诸生在白虎观讨论儒家经典异同的一次学术会议。这次会议由章帝亲自主持开了一个多月,争论激烈。会后,章帝命班固把讨论结果编成《白虎通义》作为官方典籍公布。《白虎通义》成为汉代儒学的纲领性文件,影响深远。

白虎观会议是汉代经学发展史上的里程碑,汉武帝时期,罢黜百家,独尊儒术,学者开始把学术的重点放在儒家五经上,形成经学。东汉初年,今古文经学的门户之见日益加深,各派内部因师承不同,对儒家经典的版本、内容多有争议,解说不一,章句歧异。汉光武帝刘秀"宣布图谶于天下",把谶纬之学正式确立为官方的统治思想,使儒学与谶纬之学进一步结合起来。因此,儒学今古文经学之争中又有了谶纬之学的参与。汉章帝仿照西汉石渠阁会议的办法,召集各地著名儒生于洛阳白虎观,讨论五经异同。

董仲舒提出的灾异问题、阴阳五行问题、人的本性问题、自然物的性质以及婚丧的礼仪等,白虎观会议都进行了讨论,这样一些基本问题的探讨过程,其实是对儒家基本思想观念主张的探讨和论证。其中，贯穿其中的"三纲六纪"成为以后整个中国封建社会传统儒家的基本思想。

小专题 39

石渠阁会议

在长安未央宫北面的石渠阁，西汉宣帝刘询于公元前51年召集的一次关于经学的学术会议，在历史上被称为石渠阁会议。会议召集萧望之、刘向、韦玄成等二十几位儒生参加，论五经之异同，宣帝亲自裁决评判，希望对儒家经典统一思想和认识。石渠讲论的奏疏经过汇集，辑成《石渠议奏》一书，又名《石渠论》。所辑奏议共一百五十五篇，现在都已经亡佚。

经学派别林立，争议不断，其中以春秋"公羊"与"穀梁"之争最为激烈。"公羊"重《春秋》中的"微言大义"，强调尊王攘夷、大一统思想，与现实政治密切配合；"穀梁"则重点强调礼乐教化、宗法人情。武帝喜欢"公羊"，宣帝则喜欢"穀梁"，亲自主持石渠阁会议，"穀梁"终于与"公羊"一样被立为博士。

会议除《春秋》增立"穀梁"博士外，《易》增立"梁丘"，《书》增立"大小夏侯"，共增立四家博士。

宣帝重视礼乐教化，石渠阁会议促进了儒学中的

《礼》学和礼制思想的发展，大戴和小戴《礼记》就编成并盛行于这一时期。

石渠阁会议标志着儒学与政治的高度密切地结合。皇帝是最高的政治权威，同时也是最高的学术权威。会议极大地提高了经学的地位，也扩大和加强了儒家的礼仪制度对社会的控制力量。

小专题 40

班氏父子

班固，东汉著名儒家学者，史学家，著《汉书》，具有十分正统的儒学观念，如在《汉书·司马迁传》中曾批评司马迁"是非颇缪于圣人，论大道则先黄老而后六经"，还有在《汉书》中扬正宗儒者董仲舒而贬公孙弘、痛斥王莽篡汉等。在白虎观会议后，班固负责整理议奏，写成《白虎通义》。

班固父亲班彪，儒家学者，史学家。班固弟弟班超投笔从戎，出使西域。班固妹妹班昭，续《汉书》，另写有《东征赋》《女诫》等，其中《女诫》阐述妇女应该遵循的"三从四德"道德标准，在历史上影响深远，以后许多关于女性教育方面的书都伪托班昭所著。

五、今文经学和古文经学之争

（一）形成

秦朝"焚书坑儒"时，儒家典籍都在焚烧之列，私自收藏将受到惩罚。汉初，儒家思想逐渐复起，儒家学者靠记忆用当时流行的隶书重写儒家典籍，形成今文经学。

汉武帝"罢黜百家，独尊儒术"之后，收集儒家经典书籍遗书，民间私藏古书者也献书给朝廷，朝廷组织人员对这些古书进行整理，形成儒家古文经典，古文经典的另一著名来源是鲁恭王献的鲁壁藏书。在对古书进行整理的这项工作中，孔安国及刘向、刘歆父子都做出了巨大贡献。

（二）文字的不同

汉代人称用隶书写的经典书籍为"今文经"，而汉代以前的用籀书或小篆写下来并流传到汉代的经书，则称为"古文经"。

（三）代表作及代表人物的不同

今古文经代表作是指在儒家《诗》《书》《礼》《易》《春秋》五经的传播过程中，形成不同的流派，各个流派有了受自己派别重视的不同经典版本及注解，也由此有了不同的代表人物。

今文经学的最主要代表人物是董仲舒，他依据的主要经典是《春秋公羊传》，通过阐释其义理形成春秋公羊学派，春秋的穀梁派也属于今文经派。

古文经派的最主要的代表人物是刘歆，经典代表主要有《春秋左氏传》《古文尚书》《逸礼》《毛诗》等。

（四）研究方法和内容的不同

今文经学派重视发挥经典中的"微言大义"，特别是突出中央集权大一统的观点主张，形成自己的"天人感应""奉天法古"的神秘主义思想体系，因而有讲神学迷信和谶纬之学的特点。古文经学重视名物训诂，逐字逐句考证注释经典原句，对儒家思想重视封建的纲常伦理和礼仪等。

（五）对宗师孔子态度的差异

古文经学家认为五经都是前代的史料，孔子是"述而不作，信而好古"的圣人，保存了古代文化，为一代学者；而今文经学家认为五经都经过孔子的整理和删减，已经有了"微言大义"，因此，孔子是政治家、哲学家。也就是说，今古文经学家都从不同的角度推崇孔子，但是，古文经学家以孔子为史学家，尊孔子为"先师"；今文经学家以孔子为政治家，尊孔子为"素王"。

（六）典型的正面冲突

今古文经学派在两汉时期冲突不断，最具有代表性的两次是：西汉末年刘歆与太常博士争立古文经博士；郑玄与何休的论战，争论春秋公羊、左氏、榖梁之优劣。

（七）地位的演变

两汉时期官方的意识形态始终是今文经学，特别是西汉时期，今文经学被定于一尊。但是，今文经学的注释逐渐流于烦琐，并且与谶纬迷信思想结合，这都禁锢了其自身的发展。而古文经学却在民间获得巨大发展，表现出自己的生命力，特别是西汉末年，适应王莽托古改制的需要，在刘歆等人的努力下，古文经的多部经典被立为官学，设置博士，进一步促进了古文经学的传播和发展，使古文经学逐渐成为经学的主流。

（八）融合

东汉中叶以后，经今古文之争开始逐步融合，趋于统一。贾逵、马融、郑玄等都是古文家兼通今文。特别是东汉末年的经学权威郑玄，注释经书，兼用古今，集两汉经学之大成，两汉经学界限不再分明，结束了持续200多年的两汉经学之争，使两汉经学融合统一。

六、"我注六经"与"六经注我"

——儒学大家对儒家经典的整理和注释及其对后世的深远影响

（一）马融

马融（公元79年—公元166年），字季长，右扶风茂陵（今陕西兴平东北）人。东汉名将马援的从孙，东汉儒家学者，著名经学家，尤长于古文经学。

马融出生于外戚豪家，有很深的家庭背景，本人相貌堂堂，住房和服饰非常考究。他"善鼓琴，好吹笛，达生任性，不拘儒者之节"，讲课的方法也很特别，常常坐在高堂，施绛纱帐，绛纱帐前面是众多听课的学生，后面则"多列女倡歌舞"。秦汉时期传统儒家重视礼仪，要求"非礼勿视，非礼勿听，非礼勿言，非礼勿动"，马融施绛纱帐是对当时传统儒家礼仪主张的蔑视和挑战，孔子在场，肯定会愤怒地谴责他："是可忍，孰不可忍！"但是，从思想渊源来说，马融是承前启后的人物，他开启了魏晋玄学家放浪形骸、蔑视礼法思想之先河。

马融施绛纱帐，有弟子数千人，常年追随在身边的就有四百多人。他门徒众多，但是他亲自面授的门生不过五十余人，其余学生则由这些得意门生转相授业。卢植、郑玄等都是他的成绩卓著的门徒。扶风县绛帐镇即因此而得名，并且从汉朝延续至今。

马融由于得罪了邓太后而滞于东观十年不得提升。但是，正是东观校书的经历使得他博通儒经典籍，成为当世通儒，著述甚丰，遍注《孝经》《论语》《诗》《易》"三礼"《尚书》《列文传》《老子》《淮南子》《离骚》等儒家经典。

马融之学是对古文经学的继承和发扬，但是他的贡献不仅仅在于从古文学的立场上重新阐释了儒学，他还兼通古今文，开始综合古今文各家，遍注群经，开东汉古今文经融合之先河，是汉代经学发展步入新时期的引路人。

（二）郑玄

郑玄（公元127年—公元200年），字康成，北海高密（今山东省高密市）人。郑玄尚在求学之时就曾为老师马融解决过难题，显示出郑玄深厚的学术功底。郑玄在老师马融门下学习三年，没有见过老师的面，都是老师的高徒在转相传授。但是，郑玄非常刻苦用功，加上先天的好悟性，进步很快。有一天马融和他的得意弟子一起"考论图纬"，涉及一些天文历算问题，大家都不懂，有个学生说郑玄有这方面的研究，马融破格召见郑玄。郑玄当场圆满地解决了问题，令老师马融和其他同学刮目相看。马融对他最得意的弟子卢植说："你和我都不如他啊！"

在马融门下学习了七年的郑玄向马融告辞回山东故里，马融带领三百学生为郑玄送行时说："郑生今去，吾道东矣！"即由他传承的儒家学术思想，会随着郑玄的东去而在中国东部地区发扬光大。

小专题 41

"康成文婢"

在郑玄家中，由于他的好学，几乎人人都是饱学之士，连奴婢、仆人都能读书学习。

一次，一个奴婢犯错，郑玄非常生气，罚她跪在泥地里。一会，另一个奴婢经过，就问她："胡为乎泥中？"意思是说，你怎么会在泥水中呢？受罚的奴婢回答说："薄言往诉，逢彼之怒。"意思是说，我去跟他诉说，反而惹得他生气了。两个奴婢的对话都是引用《诗经》中的诗句，引用的很贴切，也有几分幽默的调侃。她们的对话

郑玄家奴婢皆读书。尝使一婢，不称旨，将挞之。方自陈说，玄怒，使人曳著泥中。须臾，复有一婢来，问曰："胡为乎泥中？"答曰："薄言往诉，逢彼之怒。"

——《世说新语·文学》

康成文婢

正好被郑玄听到，他怒气全消，也就饶恕了犯错的婢女。

郑玄因党锢之祸被禁锢十四年，解禁后首先被外戚大将军何进征辟入朝为官。郑玄婉言谢绝，他宁愿从事教学与著述，在以后的许多年里，他一直在家乡山东高密聚徒讲学，专心经术，著书立说，郑玄40岁回到家乡后招收弟子数千人。其间，郑玄被州辟、举贤良方正、茂才等共有14次，他都没有接受。公车征左中郎、博士、赵相、侍中、大司农，也都没有就职。

郑玄在70岁时唯一的儿子在战乱中丧生，老年丧子之痛使他备受打击。献帝建安五年（公元200年），74岁的郑玄饱经沧桑，身体常觉不适。这年春天，他梦见孔子对他说："起，起，今年岁在辰，来年岁在巳。"意思是说，起来吧，起来吧，今年岁星在辰，来年岁星在巳。郑玄醒来后，用谶书来验核梦境，验得当年是辰龙巳蛇交替之年对自己不利，因此认为自己当不久于人世，过了不久就卧病在床。

这一年的官渡之战中，袁绍为壮声势，争取民心和士望，逼迫郑玄随军，郑玄无奈，只好抱病而行。走到元城（今河北大名县境），病势加重，同年六月病逝于该县。病重和临危之时，他还在注释《周易》。

郑玄校勘儒家经本，做了大量耐心细致的工作。他对错简讹文，认真审辨，显示了严谨的学风；还致力于重订篇目的次序，并重新诠次章节，使得篇目次序杂乱无章、歧义纷呈的两汉经典经本，得到了最大限度地统一。郑玄摄取众本至善而创新的新经本，辗转流传，影响至今。

郑玄站在"通学"的立场上潜心著述，遍注群经。历史记载，他注《易》《尚书》《毛诗》《周礼》《仪礼》《礼记》《论语》《孝经》《尚书大传》以及《中候》等经典，又著《六艺论》《毛诗谱》等书籍，共一百余万言。郑玄所著群经中最为精深、影响最大的是"三礼"和《毛诗笺》，"笺"注内容是郑玄的独创形式。

郑玄著书立说的成就之大，远在他的老师马融和两汉任何一位经学家之上。他"网罗众说"，在古文经说的基础上，兼采今文经学，以遍注儒家群经，成为汉代今古文经学熔于一炉之集大成者，结束了持续近三百年历史的儒学今古文之争。

（三）许慎

许慎（约公元58年—约公元147年），字叔重，东汉汝南召陵（现河南省漯河市召陵区）人，是名儒贾逵的学生，熟读经书，并致力于古文字的研究。汉儒一般只专攻一经，而许慎却精通五经，在当时享有"五经无双许叔重"的声誉。

儒家经书是用文字记载的，文字有自己的音、形、意，可以传递文本的意义。要真正弄懂经义，就必须弄懂文字的结构，读音及其意义。儒学经典古今文都直接或间接源自先秦古籍，经历几百年的时间，文字方面有了许多的变化，同时，今古文之争中流传着众多经典版本，这都限制着人们对经典的学习和理解。许慎希望从文字方面取得突破，使儒学得到更好的传播和更进一步的发展。

许慎的《说文解字》是为研究儒学经典服务的，为阅读儒家经典提供了极大的帮助。同时，他的这部书的写作完成标志着中国文字学走上独立发展的道路,他在汉字研究领域竖起了一个新的里程碑。由此,许慎以文字学专家而名垂青史。

许慎历经21年完成的《说文解字》收集了当时流行的汉字9353个,用秦汉常用的小篆书体,把它们全部摹写下来;个别字的古文、大篆与小篆书体不同,《说文解字》也为它们做出记录,这给我们今天研究文字源流、变化提供了绝好的材料。

《说文解字》给汉字建立了540个部首,统属9 353个汉字。如江、湖、海、洋……属水部,松、柏、梅、桃……属木部,查字变得简明又方便快捷。所以,从部首法创立之后,《玉篇》《康熙字典》《辞源》《辞海》,纷纷采用。直到今天编辑辞书,也还离不开此法。特别是一些上古文字字典的编纂,不仅离不开部首,甚至还必须依照《说文解字》的十四卷分部,如《甲骨文编》《金文编》等。

《说文解字》是研究汉民族语言文字的系统的专著,成为后人研究语言文字学、文献学、整理文化遗产等不可缺少的经典著作。

许慎墓位于今河南省漯河市,墓旁村内多为许慎后裔。许慎墓在1986年被列为河南省重点文物保护单位,2006年被国务院批准列入第六批全国重点文物保护单位名单。

(四)何休

何休(公元129年—公元182年),字邵公,任城樊(今山东济宁市)人。东汉今文经学家。何休为人纯厚质朴,不善言辞,但是他精研六经,"世儒无及者",陈蕃曾经请他一起议论政事,后受党锢事件的牵连,被锢十七年。党锢解禁,辟为司徒,拜议郎,迁谏议大夫。

何休废官居家期间,对经学孜孜不倦,深思慎解,作《春秋公羊解诂》,这部著作一直流传至今,完整地保留于《十三经注疏》之中,对后世有很大影响。

在写作《春秋公羊解诂》这部著作时,何休废除了以烦琐和迷信为特点的章句之儒的俗学,仿古代《春秋》五十凡例,为公羊《春秋》制定了凡例,使公羊《春秋》成为有条理的一种经学理论。

何休在其所著的《解诂》中系统阐发《春秋》的"微言大义",成为今文经学家议政的主要理论依据。他提出的历史进化"三世说"(太平、升平、衰乱),不仅在当时有相当大的影响,而且还影响到近代的康有为。

何休是继汉初胡毋生、董仲舒以后最著名的公羊《春秋》学者和今文经学的集大成者,代表作有《公羊墨守》《左氏膏肓》《穀梁废疾》等批判性著作,坚持公羊家立场,攻击和披露《左传》的要害和《春秋穀梁传》的痼疾。这三部书被称为"三阙",意思是这三部书理论深奥,难于理解,如三座宫阙高不可攀。结果,郑玄读了何休的三部书之后,不赞同他的论点,并且认为他的论证也不充分,于是就针对性地写了三本书,分别称为《发墨守》《起废疾》《针膏肓》,意思是他能够攻破何休坚守的公羊壁垒,让穀梁的顽疾痊愈,而且,他下针针灸一下,就能够让何休指出的左氏的要害——病除。

郑玄完全利用何休文章里的观点来反驳他,而且都有理有据,何休已经没有回击之力,只感叹说:"康成入吾室,操吾戈,以伐我乎!"意思是说,你这是进了我的家,又拿我的武器攻击我啊!这次辩论,最后由马融出面,依据郑玄回答何休的观点向学术界讲明,这种争论才得以平息。

第五章 东汉末期儒学的衰落与学术的多元发展

东汉末年，社会混乱，战乱不断，人们对儒家提倡的封建礼教出现信仰危机；儒学与谶纬的结合也使儒学的发展进入了瓶颈阶段。世人逐步背离儒家而向道家佛家靠拢，佛教、道教思想由此兴起，成为人们的精神寄托。

一、东汉儒学与谶纬哲学

（一）谶纬哲学

刘秀"宣布图谶于天下"。据《后汉书·光武帝纪》，王莽新政之后，各地农民起义风起云涌，宛人李通等以图谶劝说刘秀起兵。经过多年的奋斗，刘秀在当时诸多军事集团中逐步拥有相当的势力。在刘秀从一个普通的儒生登上帝位的重大转折关头，又有人自关中奉《赤伏符》建议刘秀称帝。谶记曰："刘秀发兵捕不道，卯金修德为天子。"

刘秀以符瑞图谶起兵直至登上皇帝宝座，即位后崇信谶纬，"宣布图谶于天下"，因此，在东汉初年，谶纬大盛。

谶纬是中国古代谶书和纬书的合称。谶是秦汉间巫师、方士编造的预示吉凶的隐语，"亡秦者胡也"即为秦代的一句著名的谶言。许慎《说文解字》解释说："谶者，验也。"谶是隐语，可以做任意解释，所以多有灵验。谶被认为是没有泄露的天机，体现着天命，因此又称为"符命"，而这类预言往往有图有文，也被称为"图谶"。

纬是相对于经而言，用图谶的观点对儒家经典进行引申、解释和比附，从而有了纬书，因此纬书是汉代附会儒家经义衍生出来的一类书。因为经书是不能随意改动的，讲纬的人便假托天意说灾异祯祥，使儒学神学化。因为纬书中也有一些谶语，所以后来人们往往将谶、纬混为一谈，统称为谶纬。

谶纬对统治者具有"双刃剑"作用，一方面，统治者可以像刘秀一样利用图谶说明自己政权建立的合理性。另一方面，王朝更迭时，仍不时有人利用谶纬作为膺受天命的根据，这对统治阶级的正常统治构成很大的威胁。因此，东汉末年，谶纬开始衰微。到南朝时，统治者开始禁谶。

（二）桓谭非谶

东汉光武帝要建造灵台，想以谶来决定地点。问桓谭意见，桓谭回答说："臣不读谶"。光武帝问他为什么，桓谭再次强调说"谶之非经"，谶不是"经"。光武帝大怒，认为他"非圣无法"，要将桓谭处斩。桓谭吓得给皇帝叩头至流血，很久光武帝才免他一死，但将他贬为六安郡丞，近80岁的桓谭死于赴任途中。

桓谭是当时批判流行的谶纬神学的著名代表人物之一。他的形神烛火之喻，就是以蜡烛和蜡烛之火的关系比喻人的形体与人的灵魂的关系，认为烛尽火灭，人死如灯灭，人的形体死亡时，精神或灵魂也随之消失，因而世间无鬼。他在批判谶纬神学的同时，对占卜、祭祀、祭祝等世俗迷信思想统统进行严厉地批判。

（三）谶纬哲学融合儒学及对儒学的影响

西汉武帝独尊儒术之后，儒学发展成为占统治地位的官方意识形态，而这时兴盛的是今文经学，今文经学以董仲舒吸收阴阳五行等各个流派思想创立的春秋公羊学为代表，董仲舒讲天人感应、灾异之说等有着迷信特点的思想使儒学神学化，很容易与东汉初年兴起的谶纬结合在一起，出现了儒学与谶纬哲学融合的局面。

与谶纬融合的儒学宣扬图谶预言是孔子或其他古代圣贤所写，因此，需要后人依附经书解读这些秘密。由此，也就有了附着在五经上的七纬。与纬书的特点相适应，大多数纬书的书名都荒诞神秘怪异，如《易》纬有《乾凿度》《乾坤凿度》《稽览图》；《书》纬有《帝命验》《刑德放》等。因为纬书可以自由发挥，可以随意书写以迎合统治者的需要，或者证明统治者的统治的合理性和正当性，所以受到统治者的青睐，谶纬在儒学中取得了"内学"的显要地位，一时间谶纬之学的地位甚至超过经学。

谶纬的流行对正宗经学的发展形成了滞碍，使儒学的发展走入了死胡同。东汉末年，儒学与谶纬之学相伴，共同伴随着汉室政权的逐步衰落而衰落。

谶纬虽充斥着大量迷信思想，但谶纬之书中也保存了许多古代神话、天文、地理、历法、医药和乐律等方面的科学史资料和有科学意义的理论，是谶纬之书给我们留下来的宝贵的历史遗产。

二、党锢之争与党人气节

（一）东汉后期，外戚与宦官轮流执政

1. 宦官专权之黄浮办案与徐宣之死

汉桓帝时期的徐璜是"宦官五侯"之一，他的侄子徐宣因为他封侯得势做了下邳县令。徐宣看上了已故太守

李暠的女儿,想收为自己的小妾,可是李家不答应。徐宣就派人把她抢来,绑在房柱子上,自己拿着弓箭,一边喝酒,一边射箭,将小姑娘活活射死,然后把尸体掩埋起来。东海相黄浮听说后怒不可遏,依法处死恶徒徐宣。但是,徐璜咬牙切齿,在汉桓帝面前哭诉。皇帝龙颜大怒,将黄浮撤职查办。可见,当时宦官及其家属是如何肆无忌惮地为非作歹,皇帝也是极度地是非不分,昏庸无能。

2. 东汉后期,外戚与宦官轮流执政

东汉时期,除光武帝刘秀外,皇帝寿命都很短。东汉后期,和帝、安帝、顺帝、桓帝和灵帝无一人活过34岁,并且儿皇帝众多。儿皇帝和很年轻就去世的皇帝都没有子嗣,就会由皇太后及其外戚家实行摄政,即有了外戚专权的现象。外戚专权时,他们自然会挑选一个年轻的皇帝,以便能延长自己的权力,因而会出现更多的儿皇帝。如果皇帝长大成人,不满意外戚摄政而寻找同盟者,就自然找到与他最亲近的宦官。当外戚权力被剥夺的时候,作为皇帝旨意的解释者和执行者的宦官,便来填补了权力的真空,又形成了宦官专权的局面。因此,东汉后期,皇权旁落,外戚与宦官轮流执政。

小专题 42

汉灵帝"张常侍是我父，赵常侍是我母"

东汉末年，桓帝、灵帝执政时期，宦官张让、赵忠等十人都是中常侍，被称作"十常侍"。"十常侍"父兄子弟及姻亲等亲属侵掠百姓，鱼肉乡里。在朝廷上宦官当道，把持官吏的任命和升迁。宦官受到皇帝的宠信，汉灵帝聚敛私财交给宦官保管。汉灵帝常常说"张常侍是我父，赵常侍是我母"。

外戚与宦官轮流执政期间，他们为了各自的利益，不择手段，欺压百姓，残害忠良，以致朝廷污浊，仇恨滋生，社会陷入一片混乱之中。儒家思想也伴随着汉室政权的旁落由兴盛走向衰落。

小专题 43

豺狼与狐狸

有"跋扈将军"之称的外戚梁冀专权，横行霸道，朝中的官员也胡作非为，敲诈勒索，贪污盛行，整个社会动荡不安。张纲被朝廷派去查举地方官吏的贪赃枉法情况时，到了洛阳，他砸坏自己乘坐的车子，将车轮埋在

张纲埋轮

汉安元年,选遣八使询行风俗,皆耆儒知名,多历显位,唯纲年少,官次最微。余人受命之部,而纲独埋其车轮于洛阳都亭,曰:"豺狼当路,安问狐狸!"
——《后汉书·张纲传》

地下,不去了,别人问他为什么,他愤然答道:"豺狼当道,又何必去查问狐狸?"

(二)儒学与党人气节

1. 范滂入狱受刑

范滂入狱受刑,朝廷派中常侍王甫审讯范滂,范滂言辞恳切地说:"我听孔子说,看见善人,就唯恐结交不上,看见坏人,就像把手伸进开水锅里一样,只想赶快离开。我想和廉洁好善的人在一起,反而被认为是结党营私。古代的人修善是替自己求福,如今的人修善,却落得个杀身之祸"。并说,自己就是被埋在首阳山下,也不会辱没伯夷、叔齐两位圣人。王甫被范滂的正气打动,为他解去刑具。在多方营救下，范滂被释放。

2. 范滂之死

在宦官们的迫害下，朝廷又一次下令大规模地逮捕党人。范滂坚决不逃走，还主动到县里投案。县令十分同情范滂，派人去请范滂的母亲和儿子跟他再见最后一面。范滂对儿子说："我从来不想让你做坏事，因为坏事是不能做的。我想让你做好事，可是我生平并未做恶事，却落到今天这样的结果。"说到这里，在场的人无不潸然泪下，感叹悲伤。

残酷的现实让人们对儒家提倡的封建礼教的信仰产生了怀疑，面对现实时，用儒家思想指导自己选择继续"爱国忠君"，挽救社会危机，进行不妥协的抗争，还是避开现实斗争，保全自身，大多数人是进退维谷，因而最终选择消极的不合作态度，逃避现实是人们的普遍反映。由此，在精神寄托方面，道教、佛教在人们的精神寄托方面兴起。

3. "不畏强暴陈仲举"

陈蕃，字仲举，敢于和当权的宦官硬碰硬，被人们誉为"不畏强暴陈仲举"。桓帝死后，窦皇后起用正直的陈蕃帮助她收拾残局。外戚宦官轮流执政多年，朝政混乱，新皇帝没有确定下来，众位大臣们怕惹是非，静观风向，于是，陈蕃写信劝他们说："古代的贤者给我们树立了榜样，皇上虽然驾崩了，可是当大臣的，还应该像他活着的时候一样效忠朝廷。现在新皇帝尚未即位，国家一天比一天困难。诸位身为朝廷重臣，拿着国家的俸禄，却将国家的利益丢在一边，心安理得地躲在家里，这能算是效忠朝廷吗？"有着崇高威望的陈蕃将大臣们劝说上朝，最终确立刘宏登基为皇，即汉灵帝。

4. "天下楷模李元礼"

才高名重的李膺，字元礼，颍川襄城人（今属河南），当时有"天下楷模李元礼"之誉。名臣胡广被汉顺帝提升为司徒后，就辟召李膺出来做官。朝廷任命李膺为青州刺史。青州所属地区的郡守、县令绝大多数有不法行为，他们听到李膺将出任青州刺史的消息之后，弃官逃跑的就有一大半。

（三）"举孝廉"与党人、"党锢"

1. 东汉卖官鬻爵

东汉后期，公开卖官，明码标价，搜刮钱财。名声条件好者，价码减半，因而买官卖官也在讨价还价。公元185年，崔烈以五百万买得了司徒之职，在授职仪式上人们听到灵帝说：很后悔卖掉了价，这个职位可以卖一千万！灵帝委婉地称他所搜括来的钱为"礼钱"，并在西苑建了一个金库来储藏它。

"举孝廉"等选拔人才的政策，传播了儒家思想，巩固了儒家思想的正统地位。儒家思想宣扬仁义礼制，重视伦理道德，有利于维护正常的社会秩序，是为统治者服务的思想，儒学与政治统治二者相辅相成。

公开明码标价的卖官鬻爵只能是有钱就当官，当官再捞钱。卖官鬻爵使"举孝廉"等原有的选拔人才的作用丧失，"举孝廉"等渗透着金钱与权力的交易，也就变得有其名无其实，因此会出现"举秀才，不知书；举孝廉，父别居"的状况。

总之，卖官鬻爵严重破坏了社会秩序和风气，阻塞了人才选拔的通道，阻碍了儒家传统思想的传播和弘扬。儒家思想被弃之一边，接受过儒家正统思想的儒生，因为不能做到与买官卖官的朝廷官员同流合污而受到冷落、奚落，甚至打击。

2. "党锢"

党，在中国历史上基本上是贬义词，有偏袒、结伙营私等意思。孔子曾说："君子群而不党。""普天之下莫非王土。率土之滨莫非王臣。"帝王最怕的就是臣子结党威胁到其统治，因此，结党是谋逆之大罪，当然要受到统治者的严厉打击。直到近代受西方思想观念的影响,中国有了很多政党,"党"不再是贬义词。

党人在东汉末年特指维护汉室皇权反对宦官专权的具有极高气节的儒生及太学生。

桓帝时期,以李膺、陈蕃为首的官僚集团,与以郭泰为首的太学生联合起来,猛烈抨击宦官的黑暗统治。宦官依靠皇权,两次向党人发动大规模残酷迫害活动,并最终使大部分党人禁锢终身,也就是一辈子都不许做官,史称"党锢之祸"。

第一次党锢之祸开始于桓帝时期。李膺是当时反对宦官的著名领袖人物。大宦官张让的弟弟张朔当县令时,残忍无道,虐杀孕妇,李膺亲自率部下到张让家"破柱取朔",并依法处死张朔。从此,李膺与宦官结仇。166年,宦官集团对党人发动了一次大规模的迫害活动,其导火线是张成事件。方士张成与宦官来往密切,因事先知道朝廷将要大赦,故意怂恿儿子杀人。当时任河南尹的李膺不顾赦令,坚持将张成的儿子处死,让其偿命。宦官乘机唆使张成的弟子宋修上书,告发李膺交结太学,共为部党,诽谤朝廷。在宦官的怂恿下,桓帝下令捕李膺、范滂等二百余人。后经多方营救,被逮捕者均获出狱,但是必须禁锢本地,终生不许做官。

第二次大规模的党锢之祸发生于灵帝时期，从169年开始延续十余年。窦武与陈蕃等合作，起用被禁锢的"党人"，希望借此消灭宦官势力，但是他们的计划还没有来得及实行就泄露出去，宦官曹节、王甫等发动政变，先发制人，窦武兵败自杀，陈蕃等被杀害。宦官借此大肆逮捕"党人"，李膺、杜密、范滂等著名党人一并被构陷在内，"百余人，皆死狱中"，受牵连者有一千余人。176年，宦官劝灵帝下诏禁锢党人，党人及亲属学生等一律被免官禁锢。

儒学在西汉武帝时因为与政治的亲密关系而走向兴盛，党锢禁止儒生干预现实政治，剥夺了他们参与政治的权利，将政治与儒学的密切关系剥离开来，因此儒学的辉煌不再。受到禁锢的儒家学者关起门来，潜心研究学术，从另一途径上发展儒学，在经学方面取得了巨大成就。

东汉汉桓帝时的名士徐穉与朝廷不合作，不应招。"大树快倒了，并非一根绳子所能系住的，为何要知其不可而为之呢！"东汉后期，皇帝昏庸无能，官僚阶层腐败异常，正常的封建秩序几乎被完全破坏。儒生太学生抗争，是社会中的正面力量，打击了为非作歹的宦官势力，但是整体来说，儒学也遭遇严重挫折，两次"党锢之祸"，给官僚士大夫极大的打击，儒家思想旧有的安定社会的作用已经难以发挥，由此显示出儒学治世不治乱的特点，儒家提倡的封建礼教出现信仰危机，世人逐步产生背离儒家而向道家佛家靠拢，佛教、道教思想由此兴起，成为人们的精神寄托。

三、东汉末年学术的多元发展

（一）道教及其起源

现在所说的道教，是指在中国古代宗教信仰的基础上，承袭方仙道、黄老道等一些宗教观念和修持方法，逐步形成的以道为最高信仰，奉老子、元始天尊为教主，以老子的《道德经》等为主要经典，追求修炼成仙的一种宗教。道教成仙或成神的主要方法有：炼制长生不老的丹药或寻找长生不老的仙药服食；练气与导引；内丹修炼；法术仪式；功德成神，常见的后天神仙多为内丹修炼和功德成神者。

五斗米道是中国历史上在东汉时期正式形成的第一个道教组织，鹤鸣山则被认为是五斗米道的发源地，千百年来成为各方慕道之士向往的胜地。

关于鹤鸣山山名的来历，一说以山形像鹤而得名，一说是鹤鸣山的山洞中有一个石鹤，千年一鸣，十分灵验。

"鹤鸣山穴中有鹤,鸣则仙人去",鹤鸣山因此而得名。

相传五斗米道的创始人张道陵便是在鹤鸣山创立道教并在此修炼成仙。张道陵,原名张陵,依据《太平经》造作道书,主要有《老子想尔注》,他自称道书出于太上老君口授,并根据巴蜀地区少数民族的原始宗教信仰,以《道德经》为经典,奉老子为教主,把老子看成是"道"的化身。

传说道教天师张道陵晚年显道于青城山,并在此羽化。此后,青城山成为天师道的祖山,全国各地历代天师均来青城山朝拜祖庭。天师道经过张陵及其子孙历代天师的创建和发展,逐渐扩及全国。

太平道张角信奉《太平经》,他把自己创立的道教组织命名为"太平道",就是直接来源于《太平经》。张角以黄天为至上神,认为黄神开天辟地,创造出人类。又信奉黄帝和老子,认为黄帝时代的天下是人类最美好的太平世界。在这个太平世界里,既无剥削压迫,也无饥寒病灾,人人自由幸福。在此基础上,张角提出了"致太平"理想。这也是太平道的基本教义和宗教理想。张角以太平道为宣传组织发动群众的工具,掀起了黄巾军大起义。

（二）佛教的传入及其传播

1. 白马负经与白马寺

据史料记载，东汉永平十年的某天晚上，汉明帝刘庄做了一个梦，梦见一位神仙，金色的身体有光环缭绕，轻盈飘荡从远方飞来，降落在御殿前。汉明帝非常高兴，第二天一早上朝，他把自己的梦告诉群臣，并询问是何方神圣。太史傅毅博学多才，他告诉汉明帝：听说西方天竺（印度）有位得道的神，号称佛，能够飞身于虚幻中，全身放射着光芒，君王您梦见的大概是佛吧！于是明帝派使者羽林郎中秦景、博士弟子王遵等13人去西域，访求佛道。三年后，他们同两位印度僧人迦叶摩腾和竺法兰回到洛阳，带回一批经书和佛像，并开始翻译了一部分佛经，相传《四十二章经》就是其中之一。皇帝命令在首都洛阳建造了中国第一座佛教寺院，以安置德高望重的印度名僧，储藏他们带来的宝贵经像等物品，此寺即现在位于河南洛阳的白马寺。据说是因为当时驮载经书佛像的白马而得名，白马寺成为中国佛教的"祖庭"和发源地。

2. 佛教中国化

佛教起源于古印度（当时叫天竺），创始人是乔达摩·悉达多，生卒年月略早于孔子。释迦牟尼是佛教徒对他的尊称，意思是释迦族的"贤者"。

佛教大约是在公元一世纪两汉交替时逐渐传入中国。佛教传入中国之后，要想在中国生根和传播必须充分利用原有的母体文化，以适应中国的文化土壤。它首先是在道教那里找到相通之处，即被称为道术的黄老道学、神仙方术和佛教在表面上都讲"清虚"，从而道术成为佛教的保护伞，佛教依附于道术而存在和传播，如东汉光武帝刘秀的儿子楚英王"诵黄老之微言，尚浮屠之仁祠"，就是将佛教理解为黄老之学、神仙方术之一种。

两汉之际，儒家学说已经被定于一尊，政府中设有儒家的学官。佛教以外来文化的面目输入中国，自然受到中国传统文化特别是当时还居于官方意识形态的儒学的抗拒和排斥。如儒家把佛教视为与"尧舜周孔之道"相对立的"夷狄之术"，认为佛教之说"虚无难信"；佛教好谈"生死之事鬼神之务"，不像"圣哲之语"；指责佛教徒的行为如弃妻子、剃头发、无跪起之礼等都"不合孝子之道"。

佛教与正统儒学经过多年冲突逐步走向融合。例如，儒家倡导的孝道思想在佛教中国化的过程中，逐步融入佛教，佛教一改原本宣扬四大皆空的主张，肯定和重视孝道等家庭伦理观念，因而，中国化的佛教为民众所接受，逐渐在华夏遍地生根，广为流布。如位于古都西安的大慈恩寺，是中国佛教法相唯识宗的祖庭，迄今已历1350余年，唐玄奘曾在这里领管佛经译场。大慈恩寺创建于公元648年,是太子李治为追念他的母亲文德皇后而建,寺内的大雁塔由他亲自督造。

中国化的佛教宗派通常划分为四大派:天台、华严、唯识、禅宗,其中,中国化程度最高的是华严宗和禅宗。

后记

《罢黜百家独尊儒术：汉代儒学与政治》书稿的写作源于我的硕士毕业论文《〈韩诗外传〉哲学思想研究》。《韩诗外传》作者韩婴在西汉文帝时拜为博士，汉景帝时为常山王刘舜的太傅。汉武帝时，曾与董仲舒论辩于汉武帝前，《汉书·儒林传》称"其人精悍，处事分明，仲舒不能难也"。韩婴所传授的《诗经》即是齐、鲁、韩今文经"三家诗"中的韩诗一派，他一生著作颇丰，但只有《韩诗外传》传世至今。因而，源于我的硕士毕业论文写作，对于儒学两千余年来的发展变迁，我对汉代儒学的黄金岁月这一段拥有更加丰富翔实的史料，也更有兴趣研读这一段历史。因此，在本套儒学文化之当代解读系列丛书中，我选择了本册书稿写作。

在本册书稿写作过程中，我力求表达的观点是，经历秦朝"焚书坑儒"及汉初黄老之学兴盛之后，汉武帝接受董仲舒的建议"罢黜百家，独尊儒术"，儒学复起，儒学进入历史发展过程中的黄金岁月。儒学与政权结合成为官方的意识形态之后，其影响渗透于整个社会的每个角落；"罢黜百家，独尊儒术"之汉代儒学是在吸收借鉴先秦法家、道家、阴阳家等派别思想的基础上对孔孟之儒学的继承和发展；在两汉政权由盛而衰的发展变迁过程中，在政权兴盛时期，儒学让汉王朝如虎添翼，而在汉政权由衰退至崩塌的时候，儒学之力量也无力回天、无可奈何，正显示出后人概括的"儒学不治乱世"特点。

从硕士毕业论文的写作到本册书稿的完成，我的点滴进步都离不开恩师中国人民大学国学院向世陵教授悉心指导。向老师踏实的治学功底、严谨的治学态度、正直的人品始终给我以深刻的影响和激励。在本册书稿出版之际，向恩师致以最衷心的感谢。也非常感谢为丛书出版热心奔波的师弟杨名博士。

限于作者学识水平，书中难免存在差错和不足，恳请各位读者不吝赐教。

作者
2018年4月23日